MESSAGES

pour la *Vie*

MOHAMMED SANOGO

8

MESSAGES *pour la* Vie

TRAVERSER AVEC SUCCÈS SES DIX ÉPREUVES
DU DÉSERT

ECKI
Publications

Les passages bibliques utilisés dans ce livre sont extraits de la version Louis Segond 1910, sauf indiqué.

MESSAGES POUR LA VIE, N°8

Copyright © Août 2019 Mohammed SANOGO

Edité en République Démocratique du Congo par :
ECKI Publications
Email : eckipub@gmail.com

Distribution assurée par **Vases d'Honneur Collection**
28 BP 1653 Abidjan 28
Côte d'Ivoire/Afrique de l'Ouest
Téléphone : +225 22 41 29 80
Site web : www.vasesdhonneur.org

Couverture et mise en page : ECKI Publications

Dépôt légal : 024.7.2019.053

MES OBJECTIFS PRIORITAIRES DU MOIS

Ecris-les   ici Evaluation

_____   _____

_____   _____

_____   _____

_____   _____

_____   _____

_____   _____

_____   _____

_____   _____

_____   _____

_____   _____

_____   _____

_____   _____

_____   _____

AVANT-PROPOS

Extraordinaire ! Tu es sur le point de révolutionner ta vie quoti-dienne au travers du dévotionnel «**Messages pour la vie**». Des messages choisis et pertinents pour t'accompagner et t'inspirer dans tes moments de dévotion avec Dieu. En effet, il n'y a pas un seul moment de la journée qui soit aussi bénéfique que le temps passé dans la présence du Seigneur.

Quelqu'un a dit : «L'Evangile amène l'homme à Dieu ; et les dévo-tions le maintiennent près de Lui.» Et à la Bible de rappe-ler ceci : *«Approchez-vous de Dieu et Il s'approchera de vous.»*

Si chaque jour tu recherches une relation plus étroite avec Dieu, au travers de la prière et de Sa Parole, tu te rendras compte qu'Il se rapprochera da-vantage de toi. Ainsi donc, le but de ce livre est de t'attirer près du cœur de Dieu. En appréciant Sa douce pré-sence, ta vie sera irradiée de Sa gloire et plus que jamais tu ne reste-ras la même personne !

Lis ce livre chaque jour tout au long d'un mois et découvre combien il peut t'aider à appliquer la pensée de Dieu et Ses direc-tives dans ta vie quoti-dienne. Aussi, tu apprendras des vérités qui te permettront de connaître davantage le Seigneur et de rester en connexion avec Lui.

Bonne lecture et que Dieu te bénisse !

Pasteur Mohammed SANOGO

COMMENT UTILISER CE LIVRE ?

🍂Messages pour la Vie est une collection de 365 dévotions quotidiennes publiées en 12 ouvrages différents. Soit un aspect important de ta vie spirituelle y est abordé durant un mois ou même plus.

🍂Avec une lecture progressive et complète des tous les 12 ouvrages, tu acquerras des vertus qu'il faut pour accomplir ta destinée et plaire au Seigneur.

🍂Chaque ouvrage compte environ 31 dévotions, soit un ouvrage par mois et une dévotion par jour. Ainsi, grâce à la méditation et à la prière, tu progresseras chaque jour dans ton intimité avec Dieu et dans ton service pour Lui.

🍂Lis attentivement le message qui t'est proposé pour chaque jour. À la fin de celui-ci, nous te proposons une action du jour, qui est éga-lement un sujet de prière. En priant, fais-le avec foi et cela produira des résultats dans ta vie.

🍂Pour t'aider à lire la Bible entière, nous avons développé deux plans de lecture, l'un pour une année et l'autre pour 2 ans. À toi de choisir le plan qui te convient.

🍂Le plan de lecture de la Bible en 1 année a été divisé en deux parties chaque jour : l'Ancien Testament le matin et le Nouveau Testament le soir.

🍂Le plan de lecture de la Bible en 2 ans a été divisé également en deux parties chaque jour : tous les livres de la Bible le matin, sauf les livres de Psaumes et de Proverbes qui sont réservés pour le soir. Ce qui te permettra de lire ces deux livres quatre fois en deux ans.

❧Chaque mois tu es censé te fixer des objectifs prioritaires. C'est la raison pour laquelle nous t'avons proposé un espace pour écrire ces objectifs. Cela te permettra de mesurer ton succès dans l'accomplissement de ceux-ci.

❧A la fin de chaque semaine, nous t'avons fait un condensé des 7 messages que tu as lus toute la semaine en te proposant une phrase forte pour chacun de ces messages.

❧Après cela, tu trouveras 3 pages pour la prise de notes de prédications des tous les dimanches du mois. Ainsi tu pourras les archiver en ordre.

LE DÉSERT DE REPHIDIM, DÉSERT 3 OU L'ÉPREUVE DE LA FRUSTRATION DE LA FOI

« Toute l'assemblée des enfants d'Israël partit du désert de Sin, selon les marches que l'Éternel leur avait ordonnées; et ils campèrent à Réphidim, où le peuple ne trouva point d'eau à boire. »
(Exode 17 : 1/Contexte : Exode 17 :1-17)

Le mot« Réphidim» signifie repos, paix, on pourrait donc parler du «désert du repos». Il est difficile d'imaginer qu'un désert, censé être un lieu de privation soit appelé «lieu de paix». C'est ainsi que se manifeste la paix de Dieu dans nos vies. Dans la richesse comme dans la disette, dans la privation comme dans l'abondance, Il peut te donner la paix. Jésus a dit qu'Il te donne Sa paix, comme le monde ne peut pas te la donner.

Nous avons tendance à penser qu'avoir de l'argent, un enfant, des maisons, un foyer, etc. nous donnera la paix. Pourtant, de nombreux exemples dans ce monde nous démontrent le contraire; lorsqu'on voit des personnes riches et célèbres tomber dans la dépression, la drogue, et même le suicide, on peut en déduire que la paix ne se trouve pas dans la richesse matérielle, ni dans la pauvreté, encore moins dans les rela-tions humaines. La paix et le repos de DIEU se trouvent au-près de Lui-même et s'expérimentent d'abord pendant les temps d'épreuves avant même de connaître les temps d'abondance. Jésus nous a laissé la paix, Il nous l'a donnée (Jean 14 : 27). Mais comme le montre ce passage, tout se passe dans notre cœur, s'il est troublé, s'il s'alarme, il pourrait ne pas trouver cette paix. Au travers de cette épreuve du désert 3, ton Dieu va t'apprendre à être dans le repos, malgré les privations. Que ton Dieu te donne de saisir Sa paix, malgré la disette. Marche dans le repos malgré les calomnies et la pression.

Dans l'abondance comme dans la disette, sois dans le repos de Dieu. La paix selon le monde vient de l'absence des conflits. Le repos selon le monde vient du fait que nous possédions au moins le minimum vital. Or, il se peut que toutes ces choses arrivent à manquer. Ton Dieu veut t'accorder la paix, indépendamment de ces facteurs.

Cette épreuve va donc se manifester par la privation de be-soins essentiels comme dans le désert 1 (privé de pain, d'eau, de travail, de la santé, etc.), mais avec la profonde impression d'un silence total de Dieu malgré la prière et la foi manifeste que tu as. Plusieurs de tes convictions en Dieu seront mises à l'épreuve (la frustration de la foi). Cependant, que ton cœur ne se trouble point, Jésus a vaincu le monde, tu en sortiras plus que vainqueur. Tu jouiras de la vraie paix, celle qui vient du Christ.

ACTION DU JOUR : Seigneur donne-moi de vivre et de connaître Ta vraie paix, malgré ce que je vis en ce moment .

À méditer : Philippiens 4 : 12-13; Jacques 1 : 1-4

RECONNAIS TON DÉSERT DE REPHIDIM, - 1

«Vous tous qui avez soif, venez aux eaux, Même celui qui n'a pas d'argent ! Venez, achetez et mangez, Venez, achetez du vin et du lait, sans argent, sans rien payer ! » (Esaïe 55 : 1)

Trois éléments te permettront de reconnaître que tu es dans le Désert 3 : **Premièrement, la pression de la soif.** « Le peuple était là, pressé par la soif ». À la différence du désert 1, la soif dans le désert de Réphidim vient avec une pression psychologique, émotionnelle et physique. Tu remarqueras par exemple que le fait de ne pas avoir d'enfant devient oppressant, irritant ou angoissant. Le fait de ne pas avoir de travail, de ne pas connaître la paix dans ton foyer, ou de manquer d'argent devient oppressant, et chaque jour qui passe est un supplice.

Si la privation d'un besoin essentiel ne t'opprime pas, il est fort probable que tu sois à l'étape du **désert 1**. Si cette privation s'accompagne d'une **pression**, alors tu es à l'étape du **désert 3**. La colère ou la tristesse dans le désert 1 est créée par les eaux de Mara. Tandis que dans le désert 3, sans même connaître «les désillusions des eaux de Mara», tu te sens fatigué de ne pas avoir ce qui te manque. **Deuxièmement, le doute de la présence de Dieu.** « … parce que les enfants d'Israël avaient contesté, et parce qu'ils avaient tenté l'Eter-nel, en disant : **L'Éternel est-il au milieu de nous, ou n'y est-il pas ?** ». Israël a commencé à douter de la présence de Dieu. Dans le désert 3, tu te poses de nombreuses questions telles que : «Dieu m'a-t-il abandonné? Si Dieu était présent, souffrirais-je autant?» C'est la période pendant laquelle tu as l'impression que tes prières ne dépassent pas ton plafond, celle où tu as le sentiment que Dieu ne t'entend pas, tu essaies d'appliquer les principes bibliques, les conseils qu'on te donne, mais cela ne fonctionne pas. Tu peux être amené à douter de ton église, de ton pasteur, à remettre en cause ce qui ou ceux qui étaient pour toi une source de bénédictions. C'est la période où tu ne ressens plus la présence de Dieu, celle où tu n'entends plus Sa voix.

Cette période de questionnements est une caractéristique du désert 3, afin que tu apprennes à ne pas te fier à tes sentiments et sensations, mais simplement aux promesses conte-nues dans la Parole de Dieu (le logos). Durant cette phase, ne quitte pas ton église, ne baisse pas les bras malgré ce silence; car en réalité, tout comme Il était avec Israël dans le désert, DIEU est avec toi. Il est avec toi, non pas parce que tu le ressens, mais parce qu'Il te l'a dit dans Sa parole. Tiens bon, car ton Dieu va t'exaucer de la façon la plus inattendue possible, en faisant sortir de l'eau du rocher le plus dur.

ACTION DU JOUR ET PRIÈRE : Évalue la situation difficile que tu traverses. T'oppresse-t-elle comme jamais auparavant? Te fait-elle douter de la présence de Dieu? Si oui, alors fortifie-toi! Je te rassure, Dieu ne t'a pas abandonné, Il est avec toi.

À méditer : Psaumes 138 : 7 -8

RECONNAIS TON DÉSERT
DE REPHIDIM, – 2 : AMALEK

« Amalek vint combattre Israël à Rephidim. » (Exode 17 :8)

Un autre élément qui te permettra d'identifier le désert 3, est «l'attaque d'Amalek». Le nom Amalek signifie «qui demeure dans une vallée». La vallée est le contraire de la montagne, c'est une dépression. Amalek amène ceux qu'il attaque à demeurer dans la vallée, c'est-à-dire dans l'abaissement émo-tionnel, moral, psychologique, etc.

Amalek se manifeste par une forte tristesse qui envahit ce-lui ou celle qui en est la victime. Lorsque Jésus s'est rendu sur la montagne pour prier, la veille de la crucifixion, Ses disciples et Lui ont été spirituellement attaqués par Amalek. Les disciples étaient tellement tristes qu'ils se sont endormis et n'ont pas pu prier (Luc 22 : 45). C'est cet esprit de tristesse qui les a empêchés de prier.

Amalek est également la charge émotionnelle négative der-rière un problème. Tu as certainement eu, par le passé, de graves problèmes qui ne t'ont pourtant pas abattu à ce point, mais lorsqu'Amalek est derrière un problème, il t'agresse et te fait perdre tous tes moyens. Tu te sens subitement enva-hi(e) par un esprit de tristesse, d'abandon, de dépression, et tes prières se transforment en crise de pleurs. Si tel est ton cas, sache que tu es attaqué par l'esprit d'Amalek ; tu traverses le désert de Rephidim. Il a également la particularité de te pousser à te focaliser sur ce qui va te briser émotionnel-lement, de toucher à ce qui te tient à cœur. C'est ce qu'il a fait en voulant empêcher Israël de rentrer dans sa terre de repos. Quelques fois, Amalek t'attaque même après que tu aies obtenu de bons résultats. Cela se traduit par une forme de fatigue émotionnelle que l'on ressent après avoir fourni d'énormes efforts pour atteindre un but.

Amalek est un esprit très coriace, Moïse a dû utiliser une méthode très particulière pour le vaincre. Mais, quelle que soit la force ou la pression d'Amalek, ton Dieu a prévu une victoire éclatante pour toi. Tu sortiras vainqueur et tu jouiras du repos de Réphidim.

Amalek est vaincu, tu ne demeureras pas dans la vallée, ton Dieu te prendra sur les ailes de l'aigle et te conduira au sommet de la montagne. Voilà ce que dit ton Dieu : « En vérité, en vérité, je vous le dis, vous pleurerez et vous vous lamenterez, et le monde se réjouira : vous serez dans la tristesse, mais votre tristesse se changera en joie. »(Jean 16 : 20)

ACTION DU JOUR : Identifie les « Amalek » de ta vie et proclame ta victoire sur chacun d'eux au nom de Jésus!

À méditer : Psaumes 34 : 1-7

RECONNAIS TON DÉSERT, - 3 :
LA RÉAPPARITION DES PROBLÈMES

« Toute l'assemblée des enfants d'Israël arriva dans le dé-sert de Tsin le premier mois, et le peuple s'arrêta à Kadès... **Il n'y avait point d'eau** *pour l'assemblée; et l'on se souleva contre Moïse et Aaron. Le peuple chercha querelle à Moïse. Ils dirent: Que n'avons-nous expiré, quand nos frères expirèrent devant l'Éternel?* » (Nombre 20 : 1-3)
Contexte : Exode 17 : 1-5

L e désert 3 décrit en Exode 17 s'est répété après plusieurs années, dans Nombres 20. Dans les deux situations, il n'y avait pas d'eau. Cette pénurie d'eau symbolise la privation d'un besoin indispensable, mais c'é-tait Dieu qui l'avait permise. Et au lieu de se tourner vers Dieu, Israël s'en est pris à Moïse une fois de plus et a douté de Dieu.

Par exemple, au-début de ta conversion, tu as prié afin d'être délivré d'une maladie et tu as été guéri(e). Subitement 4 ans après, la maladie ressurgit! Ou encore après avoir obtenu le travail auquel tu aspirais, tu le perds et te voilà à nouveau en difficulté. Ton pasteur et tes frères dans la foi ont prié avec toi pendant des années pour que tu te maries et lorsqu'enfin tu te maries, tu te retrouves des années plus tard en instance de divorce. C'est comme si tu revenais à la case départ. C'est choquant! Tu es en plein dans le désert 3.

Parfois, lorsque tu échoues à une épreuve, Dieu les ramène sous une autre forme dans le désert 3, car Il veut vraiment que tu la réussisses, que tu trouves l'oasis qui se cache derrière l'épreuve. Il est vrai que c'est douloureux et que tu peux te poser la question de savoir pourquoi Il permet que tu re-vives tout cela, mais, Il veut surtout que tu prennes cons-cience qu'Il est avec toi dans ce désert, que tu te tournes vers Lui résolument. Assurément Il t'en fera sortir.

Comme tous les autres déserts, celui-ci est passager, il recèle un grand trésor et tu le découvriras au nom de Jésus!

ACTION DU JOUR : Prends le temps d'examiner le problème auquel tu es confronté(e). S'il semble récurrent, demande au Seigneur de t'accorder Sa grâce pour comprendre la leçon que tu as ratée.

À méditer : Proverbes 24 :10-15

PRENDS LA VICTOIRE SUR LES TENTATIONS DU DÉSERT DE REPHIDIM

« Afin que l'épreuve de votre foi, plus précieuse que l'or péris-sable (qui cependant est éprouvé par le feu), ait pour résultat la louange, la gloire et l'honneur, lorsque Jésus Christ appa-raîtra » (1 Pierre 1 : 7)
Contexte : Exode 17: 2

D ans le désert de Rephidim, le diable te tentera avec l'une ou l'ensemble des trois tentations évoquées : le doute de la présence de Dieu, la résurgence des problèmes vaincus par le passé, et la dépression d'Amalek. Je me suis retrouvé devant des cas de maladies face auxquels j'étais persuadé de l'intervention imminente du Seigneur. La Bible dit que Dieu appelle les choses qui ne sont pas comme si elles étaient (Romains 4 :17); donc, si tu crois, tu verras la gloire de Dieu! Telle était la Parole que je proclamais à mes amis.

Sur cette base, nous avons décidé de jeûner et prier pour un paralytique. Nous n'avons obtenu aucun résultat les deux premiers jours. Nous avons tout fait, tout dit, mais rien n'y fit! Chaque fois qu'on essayait de le mettre debout, il tombait. Au quatrième jour, nous lui avons dit de rentrer, que le miracle pourrait se produire chez lui. Malheureusement ce monsieur n'a jamais marché. C'était la honte! Lorsque tu finis de traverser une situation pareille et que dans la Parole de Dieu, il est écrit : «Vous imposerez les mains aux malades et ils seront guéris!», tu risques de dire avec un air dubitatif : «Cela dépend!». Cher(e) ami(e), cela ne dépend pas. La Parole de Dieu est oui et amen!

Lorsque tu passes par le désert 3, le diable te pousse à re-mettre en cause ta foi inconditionnelle en Dieu et tes sources de bénédictions, même si ces dernières ne t'ont rien fait. Lorsque ce désert se manifeste par une privation d'enfants, tu peux accuser ton conjoint d'être sous une malédiction générationnelle ou que ses parents sont des sorciers, au point que cela vienne à détruire votre harmonie conjugale. Lorsqu'Amalek t'attaque par la forte angoisse, tu peux sentir le désir de te retirer de l'église, d'arrêter de prier, de couper le contact avec tout le monde... Ne cède surtout pas à cette envie. Son but est de t'isoler afin de te détruire plus facilement. Si Aaron et Hur n'avaient pas soutenu Moïse lorsqu'il était fatigué, Israël au-rait perdu face à Amalek. Dans ton désert, ne te déconnecte pas des personnes de destinée que le Seigneur a mises sur ton chemin, garde toujours le réflexe de te tourner vers Dieu. C'est ainsi que tu verras Sa gloire et que tu développeras une foi inébranlable.

ACTION DU JOUR : Si tu as faibli face à une de ces tentations, humilie-toi et re-pens-toi. Demande à Dieu de te garder et de te délivrer de toutes ces tentations (Matthieu 6 :14).

À méditer : Exode 17 : 1-5

VIVE LE DÉSERT 3 ! :
L'IMPORTANCE DE LE LE TRAVERSER

« Je t'ai mis au creuset, mais non pour retirer de l'argent; Je t'ai éprouvé dans la fournaise de l'adversité. C'est pour l'amour de moi, pour l'amour de moi, que je veux agir; Car comment mon nom serait-il profané? Je ne donnerai pas ma gloire à un autre. » (Esaïe 48 : 10-1/Exode 17 : 1-6)

Sais-tu que ce n'est qu'après avoir réussi les tests dans les condi-tions les plus extrêmes, qu'on peut garantir la robustesse ou la fiabilité d'un produit? L'or dans le feu, les crashs tests des voitures, etc. Le produit doit pouvoir bien fonctionner quand tout va bien et surtout lorsque ça va mal. Sans cela, on ne pourra jamais avoir confiance en son utilisation. De la même manière, Dieu éprouve ta foi, pour qu'elle devienne inébranlable.

Les différents prodiges en Égypte avaient convaincu les Hébreux de la grandeur de Dieu, il fallait maintenant éprouver cette foi. Avaient-ils seulement la foi lorsque tout allait pour le mieux ou en toute circonstance? Ils ont fait une fête nationale, proclamé la grandeur de Dieu, après le passage à sec dans la mer. Mais continueront-ils à célébrer Dieu en d'autres circonstances ? «On verra si vous m'aimez comme vous le prétendez... Cap sur le désert!» Et pour toi qu'en est-il ? Le chantes-tu poches vides comme pleines ? Ventre vide comme plein ? Quand tout va bien et quand tout va mal ? Le désert 3 teste ta confiance en Dieu et te révèle s'Il est ton véritable ap-pui. Vas-tu continuer à espérer en Dieu même si la réalité s'oppose à la vérité de Sa Parole ? Abraham a espéré contre toute espérance et Dieu lui a donné son fils – la promesse tant attendue. Ton miracle est derrière ce désert. Reçois-le au nom de Jésus !

Dieu froisse ce sur quoi tu t'appuies afin de te montrer qu'Il est présent. Le fait d'avoir une belle maison ou beaucoup d'argent n'est pas la preuve qu'Il est là. Il est présent parce qu'Il te l'a dit. Tout ce qu'on peut toucher ou posséder n'est pas la preuve unique de Sa présence. Dans ce désert, Dieu t'éprouve afin de t'emmener à laisser ce qui est superficiel et aller à l'essentiel de la vie. Plus tôt tu comprendras cela, plus vite tu sortiras de cette épreuve. Lorsque Moïse a été confron-é au manque d'eau, il a crié à Dieu qui l'a orienté vers le rocher. 1 Corinthiens 10 : 4 nous dit que ce rocher était Christ. Jésus-Christ, « Le Rocher », est la véritable révélation, le véritable trésor derrière ce désert. Et Il est tout près de Toi. Ne cède pas à la frustration, mais décide plutôt de Le trouver et de marcher avec Lui.

ACTION DU JOUR : Père, je te demande pardon pour toutes les fois où je m'en suis pris à Toi, où je n'ai pas discerné que Tu testais ma foi. Donne-moi de voir Christ dans cette situation, afin qu'Il soit mon inébranlable soutien.

À méditer : 1 Corinthiens 10 : 4

TRANSFORME TON DÉSERT 3 EN UN RÉEL REPOS

« Incline vers moi ton oreille, hâte-toi de me secourir ! Sois pour moi un rocher protecteur, une forteresse où je trouve mon salut ! »
(Psaumes 31 : 3/Contexte : Exode 17 : 5-6 et Nombres 20 : 4-10)

Pour entrer dans le repos de Réphidim, c'est-à-dire avoir la paix en dépit des circonstances, applique ces 5 attitudes, dont 3 sont pratiquement identiques au désert 1, étant donné leur simili-tude.

1- Ne te fie pas à tes sentiments ou sensations mais à la Parole de Dieu. Crois que Dieu est avec toi, non pas parce que tu le ressens, mais parce qu'Il te l'a dit. Commence à accepter chaque verset comme une vérité, peu importe tes sensations. Même si tes yeux te montrent le contraire, confesse la Parole de Dieu. Abraham ne s'est pas fié à son âge, ni à celui de son épouse, il a cru simplement en la Parole de Dieu.

2- Ne blâme personne. Dans ce désert, on a tendance à se retourner contre les autres, même ceux dont Dieu s'est servi pour nous faire sortir d'Égypte. Souviens-toi que lorsque tu pleurais pour le mariage, le conjoint que tu blâmes au-jourd'hui a été l'exaucement du Seigneur pour toi. Blâmer d'autres personnes t'empêche d'entendre ce que Dieu a à te dire. Ne culpabilise pas non plus, mais cherche Dieu. **3-Crie à Dieu.** Tout comme Moïse l'avait fait, du fond de ta détresse, élève ton cri vers le Seigneur. Exprime-Lui la douleur de ta situation par tes mots, tes larmes, tes gémissements. Implore le secours du Seigneur ton Père jusqu'à l'exaucement. C'est ainsi que comme Anne, tu pourras enfanter ton miracle, qui sera une bénédiction pour plusieurs. **4-Prends la verge qui a ouvert la mer en deux** (Exode 17 : 5). Cette clé est très importante et différencie les déserts 1 et 3; c'est le type de verge utilisé. Ici Dieu a demandé à Moïse d'utiliser la verge qui avait vaincu pharaon et la mer rouge, tandis que dans le désert 1, il a utilisé un bois trouvé là (Exode 15 :25). Le bois ou la verge symbolise les déclarations de la Parole de Dieu. Dans le désert 3, il est très important que tes déclarations s'appuient sur tes victoires passées.

5-Frappe le rocher et crois que l'eau en sortira. Ici, il s'agit de parler avec assurance et de déclarer ce que Dieu a dit, et non ce que tu ressens. Appelle les choses qui ne sont pas comme si elles étaient (malgré qu'il n'eût pas d'enfant Abram s'est fait appeler Abraham, qui signifie «celui qui a beaucoup d'enfants»). Si ton désert est financier, déclare la prospérité sur toi-même quand bien même tu ressens encore la pauvreté, etc. S'attendre à ce que l'eau sorte d'un rocher relève de la folie, mais c'est ce que la déclaration (la verge) a produit sur le rocher. Et ce rocher c'est le Christ.

PRIÈRE : Ô Seigneur, donne-moi d'avoir les regards fixés sur Toi et que j'applique ces clés au nom de Jésus.

À méditer : 1 Corinthiens 10 : 4

CE QUE JE DOIS RETENIR

POUR CETTE SEMAINE :

1 Au travers de l'épreuve du désert 3, mon Dieu veut m'apprendre à être dans le repos, malgré les privations et le silence apparent de Dieu.

2 Le désert 3 se caractérise par une forte pression émotionnelle, physique et me pousse à douter de la présence de Dieu.

3 «Amalek» est le symbole de l'esprit de la dépression. Mais peu importe la pression qu'il me fait subir, mon Dieu a prévu une victoire éclatante pour moi.

4 La résurgence d'une épreuve révèle qu'on n'en a pas tiré les leçons. Je ne dois pas paniquer mais chercher la réponse auprès de Dieu.

5 Je refuse de me laisser dominer par les pensées de rejet, de culpabilité, de tristesse, d'accusation, de découragement, etc. Je suis fort en Christ.

6 Le désert 3 est un test de fiabilité. Il me permettra de savoir si Christ est mon véritable appui ou non.

7 Je dois me rappeler des 5 attitudes à appliquer pour entrer dans le repos de Réphidim, c'est-à-dire avoir la paix en dépit des circonstances.

NOTES

TERRASSE AMALEK POUR TRIOMPHER DU DÉSERT 3

«Il me délivra de mon adversaire puissant, De mes ennemis qui étaient plus forts que moi. Ils m'avaient surpris au jour de ma détresse, Mais l'Éternel fut mon appui. Il m'a mis au large, Il m'a sauvé, parce qu'il m'aime.» (2 Samuel 22 : 18-20/Contexte : Exode 17 : 8-13)

Au jour 3, je t'ai présenté Amalek. Aujourd'hui découvre comment le vaincre, au nom de Jésus. **1- Monte sur la montagne.** Tu dois prendre la posture de prière, même si tu n'en as pas envie. Quand Amalek vient, il paralyse ta capacité à prier, pourtant c'est ce qui te permettra de le vaincre. Dans le jardin de Gethsémané, Jésus en proie à l'angoisse a dit à Ses disciples que c'est par la prière qu'Ils vaincraient les tenta-tions (Matthieu 26 : 41). **2- Combat comme Josué dans la vallée et lève les mains comme Moïse sur la montagne.** Face à ton problème, fais ce qu'il y a à faire dans l'ordre natu-rel de la vie et persévère dans la prière. Prie beaucoup en langue. Tout en gardant la position de la prière, n'exclut pas les moyens humains car, Dieu s'attend aussi à ce que tu agisses.

Dans le cas d'une maladie, il s'agira d'aller à l'hôpital. Si c'est le chômage, il faut continuer tes démarches pour obtenir du boulot (déposer tes CV, améliorer tes compétences, etc.) **3- Ne t'isole pas, fais-toi aider.** Dans ce combat, ton véritable ennemi est la fatigue et la lassitude. N'eût été Aaron et Hur qui ont soutenu Moïse lorsqu'il s'est fatigué, Israël aurait perdu face à Amalek. De même, lorsque Jésus devait Lui aussi affronter Son «Amalek» dans le jardin de Gethsémané, Il a pris avec Lui trois de Ses disciples. Malheureusement, ils n'ont pas pu Le soutenir. Durant cette période tu auras envie de rester seul, de te retirer pour « chercher Dieu ». Certes, Dieu t'écoute et parce que tu es Sa fille ou Son fils, Il te parlera. Seu-lement, tu ne pourras pas L'entendre à cause de la pression d'Amalek.

Donc, partage ton sujet avec des amis qui voudront porter ton fardeau avec toi et lorsque tu seras faible, ils te soutiendront.

4- Assieds-toi sur le rocher. Lorsque tu es assis sur une chaise, tu ne comptes plus sur la solidité de tes pieds mais plutôt sur celle de ta chaise. De même, ne compte pas sur ta sagesse, tes forces, ou tes moyens financiers pour résoudre les défis du type Amalek. Élève Dieu, élève Christ et à force de le faire, le Christ viendra vers toi et tu pourras t'appuyer sur Lui. **5- Ne t'éloigne pas de l'église.** C'est justement pen-dant le moment où tu es attaqué par Amalek qu'il ne faut en aucun cas quitter l'église. Sois davantage présent au culte, car les paroles, les messages, les petites exhortations viendront te fortifier sans même que tu ne t'en rendes compte.

ACTION DU JOUR : Identifie tous les problèmes qui présentent les caractéris-tiques de l'attaque d'Amalek. Et applique les clés que le Sei-gneur t'a donné d'apprendre aujourd'hui.

À méditer : Psaume 34 : 5-6

DÉSERT 4 OU LE DÉSERT DE LONGUES ATTENTES

«Le peuple, voyant que Moïse tardait à descendre de la mon-tagne, s'assembla autour d'Aaron, et lui dit : Allons! Fais-nous un dieu qui marche devant nous, car ce Moïse, ... » (Exode 32 : 1)

La quatrième épreuve s'est déroulée dans le désert du Sinaï. Dieu venait de Se révéler à Son peuple, jusqu'à lui faire entendre Sa voix (Exode 19 : 9). Il lui a fait de grandes promesses du chapitre 20 au chapitre 23. C'était extraordinaire, au point où Israël a fait le serment de faire tout ce que l'Éternel attendra de lui. Cette confiance allait être testée. Ils ont été privés de Moïse pendant 40 jours. Maintenant que Moïse n'était pas là, allaient-ils continuer de croire que Dieu honorerait Sa parole?

Dans ce désert, le Seigneur te fait attendre longtemps l'accomplissement de ses promesses. Il t'a promis le mariage, mais les années sont passées sans que personne ne s'intéresse à toi. Il déclare dans Sa parole que si tu crois au Seigneur Jésus, ta famille et toi seront sauvés. Mais, tu constates que non seulement ta famille refuse d'entendre parler de Jésus, mais en plus tu continues à subir leurs représailles, et cela bien que tu vives ta foi. Ça fait mal, et tu te mettras à te poser beaucoup de questions ; cependant, j'aimerai t'encourager : Dieu est avec toi, et Sa parole est certaine. Dans ce désert, l'espérance est soumise à une rude épreuve. Et lorsqu'on ne voit rien, dans l'impatience, on se fait un veau d'or. Les enfants d'Israël n'avaient pas abandonné Dieu, mais ils ont voulu L'avoir à leur service. Le bœuf est l'animal de service par excellence, il nous donne le lait, sa chair nous nourrit, sa peau fournit du cuir... Tout ce qui constitue le bœuf est utile à l'épanouissement d'un individu. Beaucoup de personnes imaginent Dieu comme étant un être à leur service, leur donnant le mariage, l'emploi, Celui qui prend soin de leurs enfants. S'Il ne fait pas ces choses pour eux, ils iront chercher ailleurs. Ma prière est que tu réussisses ce désert, car c'est ce qui te permettra de t'attacher à Dieu, et t'empêchera de te concentrer sur ce qu'Il donne.

Si tu te sers de Dieu au lieu de Le servir, tu adores un veau d'or. Mais, la personne qui adore le Seigneur, lui, dit plutôt : « Maître, dis-moi ce que Tu veux, qu'attends-Tu de moi ? » Et tu es si convaincu qu'Il veut ton bien, que tu sais que ce qui viendra de Lui ne te détruira pas. Voici le cœur et l'attitude d'un véritable adorateur. C'est à ce stade que le Seigneur veut te faire parvenir.

PRIÈRE : Seigneur, au nom de Jésus, je prie que tu me pardonnes toutes les fois où je me suis servi de Toi au lieu de me soumettre à Ta volonté. Accorde-moi la grâce de patienter tout le temps qu'Il faudra pour faire manifester Ton désir en moi.

POUR VAINCRE LES TENTATIONS DU DÉSERT 4, ÉVITE LES RACCOURCIS À TOUT PRIX !

« Et Saraï dit à Abram : Voici, l'Éternel m'a rendue stérile; viens, je te prie, vers ma servante; peut-être aurai-je par elle des enfants. Abram écouta la voix de Saraï...Il alla vers Agar, et elle devint enceinte. »
(Genèse 16 : 2, 4)

D ieu avait promis à Abraham qu'il serait le père d'une multitude d'enfants. Mais dix ans après, fatigué de ne rien voir et sur le conseil de sa femme, il a conçu Ismaël avec Agar, la servante de Saraï. En période de longue attente, le diable viendra t'attaquer sournoisement. Ce n'est pas une attaque physique mais émotionnelle, spirituelle. Son but est de te faire porter le fruit de l'impatience pour qu'il combatte le fruit de ta promesse. Il te pousse à aller chercher des solutions qui ne sont pas celles de Dieu.

Dieu t'a dit qu'Il va t'ouvrir les portes des nations pour que tu ailles annoncer Sa parole. Mais dans le désert 4, le diable viendra te donner des raccourcis par des gens qui te propose-ront des ressources financières illimitées et, au fur à mesure que le temps passera, ils te demanderont en retour de prêcher l'acceptation du mariage homosexuel. Tout comme Israël a demandé à Aaron de lui faire un veau d'or, lorsque Dieu tarde à agir, les gens vont à la recherche des pasteurs qui vont leur présenter un dieu «bonbon». Dans ta période d'attente, on te dit : « Viens, allons voir tel prophète. Dès qu'il priera pour toi, tu te marieras aussitôt. » Et au lieu de chercher Dieu pour connaître la cause de ton célibat, la seule chose qui t'intéresse c'est un mariage tic-tac. Ton impatience te fera prendre un mari non converti. Avant qu'il ne se convertisse, il va te montrer l'enfer. Au point de susciter en toi des regrets amers. Dieu ne va pas t'abandonner, mais tu sauras pourquoi Il t'a demandé d'attendre.

Quand on dit que Dieu est le même hier, aujourd'hui et éter-nellement, cela veut dire qu'Il n'a pas changé. Dieu est patient et Il fait patienter tout le monde. Avant que Jésus n'entre dans Son glorieux ministère, il a dû patienter 30 ans et lorsque le temps est venu, Il a dû encore attendre 40 jours pour que le Saint-Esprit Le remplisse et Le revête. Grâce à Sa patience, des milliards de personnes continuent d'être sauvées plus de 2000 ans après Sa mort. Résiste à toutes ces tentations par la puissance du Saint-Esprit qui vit en toi. Si tu as glissé, si tu es tombé, relève-toi. Cela ne va pas arrêter ta destinée. Mais, ne t'endurcis surtout pas et ne sois pas non plus orgueilleux. Lorsqu'Abraham a reconnu avoir mal fait, Dieu lui a donné la directive qui l'a remis sur le chemin de sa destinée.

ACTION DU JOUR : Seigneur, au nom de Jésus, je prie que tu me pardonnes toutes les fois où je me suis servi de Toi au lieu de me soumettre à Ta volonté. Accorde-moi la grâce de patienter tout le temps qu'Il faudra pour faire manifester en moi Ton désir.

À méditer : Proverbes 20 : 21

POURQUOI DOIS-TU TRAVERSER LE DÉSERT 4 ?

« Mais nous nous rendons à tous égards recommandables, comme serviteurs de Dieu, par beaucoup de patience dans les tribulations, dans les calamités, dans les détresses. » (2 Co-rinthiens 6 : 4)

Le Seigneur m'a donné de comprendre l'épreuve 4 par mon par-cours « d'avant-mariage» avec ma femme. Le Seigneur m'avait fait la grâce de la discerner très tôt, j'étais en classe de Terminale. Il m'a demandé mon avis sur elle (car Dieu n'impose d'époux (se) à personne). Et comme je la trouvais très bien, je me suis dit qu'on pouvait cheminer ensemble. C'était une erreur !

Il me l'avait montrée certes, mais je n'étais pas prêt pour cette relation. J'avais beaucoup de blessures intérieures parce que ma conversion à Christ avait entrainé une scission entre mes parents et moi. Du coup, j'avais un cœur très dur sur le plan affectif. Je refusais de manifester mon amour de peur d'être à nouveau blessé. Proverbes 20 :2 1 dit qu' «un héritage promptement acquis dès l'origine ne sera pas béni quand viendra la fin». En d'autres mots, si on te donne ton héritage avant le temps, cela va plutôt te créer des problèmes. La pa-tience c'est l'art de connaître le temps des choses. Dieu fait toute chose bonne en son temps. Cet adjectif possessif ne fait pas référence au temps de Dieu mais plutôt au temps d'une chose. Dieu rend la mangue comestible au temps qu'Il a fixé pour elle. Chaque chose possède son temps. Toute bonne œuvre à son temps pour donner son fruit. Il y a des plantes qui prennent 3 années pour donner leur fruit, d'autres, un mois voire plus. Mais si tu patientes, tu pourras te délecter de leurs délices. Quand Dieu demande la patience, ce n'est pas pour te faire souffrir. C'est parce que le temps qu'Il a fixé en chaque chose est inamovible, donc ni les cris, ni les pleurs, ni les jeûnes ne peuvent changer ce temps.

Israël aurait dû attendre le retour de Moïse alors qu'il était monté 40 jours sur la montagne, au lieu de fabriquer et adorer le veau d'or. La clé pour triompher du désert 4 est la patience. Elle révèle le trésor de la perfection divine en toi. C'est elle qui permet à ta foi d'être indéfectible. Et cette foi fait interve-nir le Seigneur Lui-même, quelle que soit ta situation. Je te vois réussir ce désert.

ACTION DU JOUR : Penses à toutes les promesses que le Seigneur t'a faites, dé-tecte toutes les attitudes d'impatience que tu as manifestées envers elles et repens-toi. Demande au Seigneur de te faire la grâce de manifester la patience.

À méditer : Psaumes 37 : 7

DÉVELOPPE LA PATIENCE POUR TRIOMPHER DU DÉSERT 4, - 1

« Heureux l'homme qui supporte patiemment la tentation; car, après avoir été éprouvé, il recevra la couronne de vie, que le Seigneur a promise à ceux qui l'aiment. » (Jacques 1 : 12)

D ans le message précédent, je t'ai raconté que mon cheminement « d'avant-mariage» avec ma femme bien-aimée avait failli tourner au désastre. On s'est mis ensemble alors que je n'étais pas prêt émotionnellement. La vérité est que j'avais peur de tout ce qui semblait affectueux. Je cachais mon affec-tion pour elle dans la haute spiritualité. Mes blessures intérieures faisaient que je n'arrivais pas à lui dire « je t'aime » ou « je pense à toi ».

Chaque fois que je lui téléphonais c'était pour lui parler de jeûnes et de prières. Elle n'a pas pu supporter et ce qui devait arriver, arriva : nous nous sommes séparés. Lorsque j'ai de-mandé à Dieu si elle était vraiment ma femme, Il me l'a con-firmé, mais maintenant, je devais patienter. Je demandais à Dieu de la convaincre, je chassais tous les démons. Mais chaque fois que je revenais vers elle, elle me disait non. Et je comptais chaque jour qui passait parce que je souffrais. Au départ, j'étais convaincu que c'était elle qui avait tort. J'ai dû attendre quatre ans. Durant ce temps d'attente, je n'ai parlé à aucune autre sœur. Le Seigneur a fait un travail de fond sur mon être intérieur. Il a guéri mes blessures et m'a donné de comprendre les problèmes fondamentaux qui détruisent les mariages. Lorsque j'ai compris la leçon, et que je suis parvenu à la maturité émotionnelle, le Seigneur a disposé le cœur de ma dulcinée en ma faveur. Par la grâce de Dieu, aujourd'hui je connais le bonheur conjugal sous toutes ses facettes et je suis à mesure d'enseigner aux gens comment y parvenir.

Qu'est-ce que la patience dans ce désert ? C'est lorsque Dieu utilise ton besoin comme prétexte (le prétexte d'un enfant, d'un mariage, d'un travail) pour te rendre meilleur et te donner un trésor plus grand que ce que tu attends. La patience m'a évité d'engendrer le fruit de l'impatience (Ismaël), qui aurait combattu le fruit de mes promesses (Isaac). Celui qui sait patienter, a une meilleure maîtrise de lui-même et apprend à conserver ses acquis. Le processus n'est pas facile, c'est une période de grandes frustrations où tu te poses beaucoup de questions. Mais lorsque tu la réussis, Dieu Lui-même te visite pour t'apporter l'objet de tes attentes. Ce ne sera donc pas un simple exaucement, mais un package de grâces accompagnera ton exaucement. Rentre dans cette grâce au nom précieux de Jésus.

ACTION DU JOUR : Bénis le Seigneur pour les épreuves que tu connais et demande-Lui de te permettre d'apprendre les leçons cachées derrière elles.

À méditer : Habacuc 2 : 1-3

DÉVELOPPE LA PATIENCE POUR TRIOMPHER DU DÉSERT 4, -2

«Si quelqu'un d'entre vous manque de sagesse, qu'il la de-mande à Dieu,
qui donne à tous simplement et sans reproche, et elle lui sera donnée...»
(Jacques 1 : 5-6)

L a sagesse est l'art de résoudre efficacement les problèmes. Chaque vision entraîne des difficultés. Ce qui te permet de les régler c'est la sagesse derrière ton raisonnement. La sagesse t'apprend la gestion de ton temps. Elle te montre où t'investir et où il ne le faut pas. Elle intervient dans tous les domaines. Par exemple avant que Dieu ne te donne le travail tant attendu, Il doit s'assurer que tu saches communiquer avec les gens. Sinon, ta promesse se transformera en chômage. La Bible nous décrit plusieurs types de sagesses :

1 - La sagesse charnelle, selon Matthieu 16 : 23, est mauvaise. C'est celle qui trouve des solutions juste pour satisfaire la chair. Elle dit, par exemple, que ton diplôme ne suffit pas, qu'il faut y ajouter de la séduction pour obtenir un emploi. Beaucoup de personnes ont du succès avec cette sagesse; mais en réalité, elles n'ont pas le bonheur. Elles vont engendrer une malédiction dans leur famille. **2- La sagesse diabolique.** Ceux qui en usent, utilisent les œuvres mystiques pour résoudre des problèmes. C'est une sagesse qui montre comment activer les puissances occultes. Une sœur travaillant dans une banque m'a expliqué qu'elle étudiait un dossier de prêt et avait constaté qu'il n'était pas régulier. La nuit, pendant qu'elle dormait, elle a entendu une voix audible lui intimer l'ordre d'approuver le prêt. En bonne chrétienne, elle a prié et chassé cet esprit. Par contre, sa collègue cosignataire, traumatisée parce qu'elle avait vécu le même événement, a voulu approuver le prêt coûte que coûte. Tu imagines bien que ceux qui ont fait la demande de ce prêt ont utilisé ce type de sagesse. Leur vie va mal finir, car ils ont eu recours à des voies qui donnent la ma-tière, mais volent l'âme et l'esprit.

3- La sagesse humaine. Le marketing par exemple est une manifestation de la sagesse humaine. La sagesse humaine n'est pas totalement négative. Elle est basée sur la connais-sance de l'humain. **4- La sagesse divine,** elle est supérieure, elle règle tout (Jacques 3 :17). Il n'y a aucun problème sur terre pour lequel Dieu n'a pas de solution. Cette sagesse est mystérieuse, cachée, inconnue, réservée par Dieu à ceux qui L'aiment et Le craignent. Demande-la à Dieu sans douter, Il te l'accordera, tu sauras quoi faire dans ta situation et sortiras victorieux du désert 4.

PRIÈRE : Seigneur, je Te demande pardon pour toutes les fois où j'ai douté de Ta sagesse. Je prie que Tu m'en remplisses, afin que je puisse marcher sur Tes voies

À méditer : 1 Corinthiens 2 : 6-10

METS DE L'ORDRE DANS TA VIE POUR VAINCRE LE DÉSERT 4, - 1

« Lorsque l'Éternel eut achevé de parler à Moïse sur la montagne de Sinaï, il lui donna les deux tables du témoignage, tables de pierre, écrites du doigt de Dieu. » (Exode 31 : 18)

Le temps de l'épreuve de longues attentes n'était pas indéfini. Dieu avait déjà fini de communiquer à Moïse ce pourquoi Il lui avait demandé de monter sur la montagne, après que le peuple ait fabriqué le veau d'or. Son histoire aurait été si différente, s'il avait obéi à la voix du Seigneur et attendu patiemment le retour de Moïse. .

Pendant que tu traverses tes épreuves, prend conscience que Dieu ne te fait pas souffrir pour le plaisir. Il le permet parce qu'Il veut te préparer à recevoir Sa gloire. Lorsque la visitation de Dieu est annoncée, Il te faut créer le chemin ou la piste d'atterrissage pour qu'elle arrive.

Chez Dieu, on ne reçoit pas avant de se préparer, on se pré-pare avant de recevoir. Celui qui ne se prédispose pas à recevoir risque de perdre son miracle. Quand le temps où la mangue doit mûrir viendra, elle mûrira, que tu sois prêt ou non. C'est pareil pour la femme enceinte. Qu'elle soit prête ou non, l'enfant sortira en son temps. Si elle s'est préparée pour sa venue, ce sera un bonheur. Dans le cas contraire ça sera un véritable problème.

Le temps de ton célibat est l'opportunité que le Seigneur te donne pour apprendre à faire la cuisine, tenir un foyer, être responsable, et être financièrement prêt; car le mariage n'est pas fait pour les enfants. Si tu es au chômage, ne reste pas oisif, développe tes domaines de compétence pendant l'attente. Fais de la lecture, propose tes services en tant que bénévole, si cela est possible. Si tu ne t'es pas préparé à recevoir la gloire de Dieu et qu'elle vient, au lieu de produire le bonheur dans ta vie, cela créera de la tristesse, de la frustration et tu vas la confondre avec un autre désert.

Une chose est d'attendre la promesse et une autre est de se préparer à la recevoir. Je déclare que tu sauras la recevoir par la grâce de Dieu, et ta vie sera une énorme bénédiction pour les personnes rattachées à ta destinée. Que le Seigneur t'accorde cette onction, au nom de Jésus.

ACTION DU JOUR : Pendant ton épreuve, prends la résolution de te préparer à recevoir la gloire que Dieu a mise en réserve pour toi et pour ceux rattachés à ta destinée. .

À méditer : Romains 15 : 4

CE QUE JE DOIS RETENIR

POUR CETTE SEMAINE :

1   Je ne dois pas compter sur ma sagesse, mes forces ou moyens pour résoudre les défis du type Amalek. Je dois résolument me tourner vers Dieu et élever Christ, si je veux prendre la victoire sur Amalek.

2   Lorsqu'une personne se sert de Dieu au lieu de Le servir, elle adore un veau d'or.

3   Je dois examiner ma vie et me repentir pour tous les domaines où j'ai lâché la main de Dieu afin de me contenter de ma propre sagesse.

4   La clé essentielle pour triompher du désert 4 est la pa-tience. Elle permet à ma foi d'être indéfectible, et fait intervenir le Seigneur Lui-même quelle que soit ma situation.

5   L'objet de ma quête est en réalité un prétexte, le but est de me rendre patient et meilleur.

6   La sagesse est l'art de résoudre efficacement les problèmes. Il en existe plusieurs types, cependant, celle que je dois vraiment rechercher est la sagesse divine.

7   Chez Dieu, on ne reçoit pas avant de se préparer, on se prépare avant de recevoir. Et celui qui ne se prédispose pas à recevoir, risque de perdre son miracle.

NOTES

NOTES

EGLISES
VASES D'HONNEUR

 CAMP 2019

Le **feu**
QUI NE
s'éteint jamais

du **16** au **20** | Juillet 2019 | INJS MARCORY

Le pasteur Mohammed Sanogo saluant chaleureusement les élèves et étudiants avant de commencer.

Les élèves et étudiants écoutant attentivement le pasteur Mohammed Sanogo.

Le pasteur Lilliane Sanogo suivant le message du pasteur Mohammed Sanogo.

Le pasteur Mohammed Sanogo expliquant aux élèves et étudiants la différence entre le succès et la réussite.

Dans le cadre du Tour 931 à Korhogo, le Ministère Messages de Vie a organisé un séminaire pour le renforcement des capacités des élèves et étudiants de la ville. Après l'intervention du professeur Koffi GNAGNE sur les stratégies pour être un modèle d'excellence, j'ai exposé les conséquences sur les relations sexuelles hors mariage. En plus, je leur ai fait comprendre qu'ils sont des étoiles, et les étoiles ont besoin de ténèbres pour briller. Les ténèbres sont toutes les situations auxquelles ils peuvent être confrontés dans la vie pour leur faire perdre espoir.

Ces situations sont là pour révéler tout ce que Dieu a mis en eux. Ils ne doivent pas se décourager mais s'appuyer sur le seul qui peut leur donner la force de tout surmonter, JESUS ! C'est dans une atmosphère chaleureuse que le Pasteur Alexandre AMAZOU a confié la vie de tous les élèves et les étudiants de la ville à Jésus.

Lecteur : lire la Bible.
Utile : disposé à être utile.
Ecoute: écouter et reconnaître la voix de Dieu (Jean 10 :27); rester calme et patienter. (Exode 24 : 15-16)
Naître: toute parole que tu entends te met enceinte et finit par naître.
Coutume : elle permet au feu de la prière de ne pas s'éteindre.
Esprit ou Energie (spirituelle) : besoin d'être rempli du Saint-Esprit pour une vie de prière qui influence (Jean 15:15). Nous avons aussi besoin d'énergie, de ferveur, d'ardeur, pour être toujours embrasés du feu divin. Après la prière d'INFLUENCE, j'ai donné un autre enseignement sur la prière de CONQUÊTE. Cette dernière est souvent faite lorsque tu as déjà entendu Dieu te parler, mais que tu es confronté à des oppositions. Un élément clé de cette prière, c'est la conscience divine. S'approcher efficacement de Dieu nécessite que nous ayons une conscience pure (1 Timothée 1:18-19), car sans elle, notre foi risque de faire naufrage. Dieu te donnera toujours des défis et des rêves qui te sembleront impossibles, parce qu'Il ne compte pas sur ta force pour les réaliser, mais plutôt sur Sa force en toi.

Lors de la dernière classe de l'atmosphère divine, le Seigneur m'a fait le privilège d'enseigner sur la nécessité d'être de bons et fidèles serviteurs. En effet, Dieu compte sur Ses enfants que nous sommes pour établir Son règne, cependant ceux qui régneront véritablement sont ceux qui feront preuve de bonté et fidélité à l'égard de Dieu, certes, mais aussi de l'autorité spirituelle que Dieu a établie sur eux. (Luc 19:13-28)

Je te recommande de retrouver tous les enseignements de C'Succoth 2019 sur nos différentes plateformes en ligne.

LORS DE LA MINI VEILLÉE DE PRIÈRE

La Bible dit que vaut mieux la fin d'une chose que son commencement. Ainsi, la mini-veillée de notre camp a été plus que majestueuse. Elle a débuté par un intense moment de louange, avant de déboucher sur un temps de prière suivi du message.

J'y ai expliqué l'importance des dons spirituels pour le chrétien. Comme l'apôtre Paul nous le recommande, nous devons aspirer à tous les dons, mais surtout au don de prophétie. Pour chaque don évoqué, l'occasion a été donnée au peuple de les demander au Seigneur. Et la Gloire de Dieu s'est grandement manifestée.

C'est revêtus du Saint-Esprit et remplis de dons, que les B.O.S.S. sont rentrés chez eux, équipés, mais surtout embrasés d'un feu qui ne s'éteindra pas, pour manifester la Gloire de Dieu.

Que Dieu te bénisse !

Pasteur Mohammed SANOGO

ETS DE L'ORDRE DANS TA VIE POUR VAINCRE LES DÉSERTS, - 2

«Et il dit : Va demander au dehors des vases chez tous tes voi-sins, des vases vides, et n'en demande pas un petit nombre. » (2 Rois 4 : 3)

Notre passage du jour relate l'histoire de la femme d'un des fils de prophètes de l'époque d'Élisée. Celui-ci étant décédé en lais-sant une grosse dette, le créancier décida de prendre ses en-fants pour en faire des esclaves.

Dans sa détresse, la femme demande de l'aide au prophète Elisée qui la questionna sur ce qu'elle avait chez elle à la maison. Elle lui répondit qu'elle possédait un vase d'huile. Élisée, sachant que la gloire de Dieu viendrait sur elle, lui recommanda d'emprunter une grande quantité de vases auprès de ses voisines. La femme pu solliciter ses voisins parce qu'elle avait certainement une bonne relation avec eux. Quelque part, elle s'était préparée à la gloire.

Si à cause de sa situation, elle était devenue aigrie et s'était mise en palabre avec tous ses voisins sous prétexte que dans sa disette, aucun d'eux ne lui est venu en aide, son miracle n'aurait pas eu lieu. Malgré sa situation difficile, elle avait gardé de bons rapports avec tous, sans quoi elle n'aurait même pas eu le courage d'aller demander des vases. Et toi, quelle est ton attitude pendant cette épreuve de longue attente ? Garde ta joie de vivre, continue d'espérer en Dieu qui t'a appelé et promis de toujours être avec toi quoi qu'il arrive.

L'huile représente le Saint-Esprit. Il s'est déversé en fonc-tion des vases qui étaient préparés. Lorsque le dernier réci-pient fut plein, l'huile s'arrêta. La gloire de Dieu va s'arrêter à ta capacité de réception de celle-ci. La gloire de Dieu est infinie. Si la femme avait plus de vases, l'huile aurait continué de couler. Dans ta période de longue attente, n'arrête pas de servir le Seigneur, de compter sur Lui, de t'équiper.

Anne a longtemps attendu son fils Samuel, car il était destiné à bénir et sauver Israël. Réussir le temps de longues attentes, c'est aussi tenir jusqu'à ce que le temps de la bénédiction arrive. Dieu te donne un temps d'attente pour te préparer, car ce qui viendra par la suite sera glorieux.

PRIÈRE :   Seigneur, pendant mon temps d'attente donne-moi de me pré-parer dans les domaines qui me permettront d'être apte à re-cevoir Ta gloire.

À méditer : 2 Rois 4 :1-7

LE DÉSERT 5 OU L'ÉPREUVE DE L'ARRACHEMENT

«...Car ce Moïse, cet homme qui nous a fait sortir du pays d'Egypte, nous ne savons ce qu'il est devenu. » (Exode 32 : 1)

Les déserts 4, 5 et 6 se sont produits dans la même période. En plus d'attendre longuement, Israël a été déstabilisé par la «disparition» de Moïse. C'est ce que j'appelle l'arrachement. Moïse, celui qui avait toujours été là à leurs côtés a disparu, il leur a été arraché. C'est l'épreuve à laquelle Abraham a été confronté, lorsque Dieu lui a demandé de sacrifier son fils, son unique. C'est aussi l'épreuve de Job lorsque tous ses biens lui ont été arrachés (ses troupeaux, ses enfants, sa santé).

L'épreuve de l'arrachement consiste en l'enlèvement d'une chose déjà acquise à laquelle l'on est attaché. Avoir l'âge qu'il faut et ne pas être marié c'est l'épreuve 1 ou 3, divorcer par contre c'est une épreuve du désert 5. Il ne s'agit pas seule-ment de perdre des biens matériels ou des personnes; mais aussi de perdre son honneur, sa virginité après un viol, etc. Cette épreuve s'est une fois manifestée dans ma vie par la perte de ma réputation. Par la grâce de Dieu j'ai toujours eu un bon témoignage chrétien dans toutes les villes par lesquelles je suis passé. Sans m'en rendre compte, j'avais fini par être très attaché à ma réputation de personne honnête. Un jour, on m'a accusé à tort d'avoir détourné l'argent d'une personnalité. En effet, j'avais été l'intermédiaire d'une transaction financière. Seulement, la personne qui avait reçu l'argent n'avait pas fait ce qu'elle était censée faire avec ces fonds, et les faits ont été rapportés à cette personnalité, disant que j'avais dé-tourné les fonds. N'ayant plus l'opportunité de rencontrer cette personnalité pour me justifier, j'ai entendu l'Esprit me dire : «Sacrifie ta réputation, ne te défend pas... Laisse parler les gens.» Ça a été une période très difficile pour moi. Pourrai-je continuer à prêcher sur la sainteté si aux yeux de tous je suis perçu comme un malhonnête?... J'ai, malgré tout, conti-nué à prêcher l'Evangile comme auparavant, laissant la rumeur s'amplifier et ma réputation dégringoler. Je ne sais comment, Dieu m'a justifié et, une grande porte m'a été ou-verte : l'alliance de bénédiction.

Le désert de l'arrachement est émotionnellement douloureux, mais il cache l'un des plus puissants oasis, celui de l'alliance de bénédiction. C'est une bénédiction qui commence par toi et descend sur tes descendants sur plusieurs générations. Si tu es confronté à un désert de l'arrachement, alors tu es sur le point d'entrer dans une grâce extraordinaire. Le salut est personnel, mais Dieu souhaite passer par toi pour bénir tous tes descendants.

ACTION DU JOUR : Seigneur, donne-moi de toujours Te faire confiance malgré la douleur que je connais à cause de l'arrachement.

À méditer : Esaïe 43 : 2

L'ALLIANCE DE LA BÉNÉDICTION : L'OASIS DU DÉSERT 5

« Je bénirai ceux qui te béniront, et je maudirai ceux qui te maudiront; et toutes les familles de la terre seront bénies en toi. » (Genèse 12 : 3)

Comme indiqué dans le préambule des déserts (dévotionnel 7), à chaque désert ou épreuve correspond un oasis. L'épreuve est l'environnement qui précède l'oasis. L'oasis est une verdure au milieu d'un désert, un point d'eau dans le désert, il représente un moment de bonheur, une grâce, un trésor qui apparaît dans un moment difficile. Ce cinquième oasis est glorieux parce qu'il te donne une clé spirituelle pour attirer dans ta vie l'alliance de bénédiction. L'alliance est puissante.

Pour mieux comprendre, voyons la différence entre une al-liance et un contrat. Un exemple : tu peux avoir un contrat avec des clauses bien précises avec une société d'Assurances. Celle-ci ne se préoccupera que de ce qui est mentionné dans le contrat qui vous lie. Pas plus! Jamais elle ne s'inquiètera de tes autres problèmes. S'il s'agit d'une assurance santé, la mai-son d'assurance se réjouira de se faire des bénéfices chaque fois qu'elle pourra éviter de prendre en charge un acte médical ou un médicament. C'est cela un contrat. Par contre, lorsque tu es en alliance avec quelqu'un, tes souffrances deviennent les siennes, ton bonheur fait son bonheur. L'exemple qui illustre très bien l'alliance est le mariage. Bien que dans certains pays, le mariage commence à être perçu comme un contrat. Dans l'alliance du mariage, l'homme et sa femme sont un, tout se partage entre les deux conjoints : les passifs et les actifs, le bonheur et le malheur, les difficultés et les opportunités, la richesse et la pauvreté, etc. Si ton conjoint perd quel-qu'un dans sa famille, c'est aussi ton deuil. C'est cela une al-liance. Avec un contrat d'assurance, ta famille n'est pas celle de ton assureur, tes problèmes ne sont pas les siens. Comme tu le vois, une alliance est beaucoup plus forte qu'un contrat. Heureusement pour nous, notre relation avec Dieu n'est pas basée sur un contrat, mais sur une alliance, pas n'importe laquelle: l'alliance de bénédiction.

Cette alliance de bénédiction stipule plusieurs choses. Entre autres : tout ce que tu touches est béni, celui qui te fait du bien, l'a fait à Dieu et il en sera récompensé; celui qui te fait du mal, Dieu le maudira. Par Jésus-Christ, Dieu a fait une alliance avec toi. Si quelqu'un te combat, il combat Dieu. C'est une alliance nouvelle que Jésus a tissée pour nous à la croix. À travers les sept prochains messages, tu apprendras com-ment activer cette alliance pour en jouir pleinement.

ACTION DU JOUR : Je dois rendre grâce à Dieu parce que ma relation avec Lui n'est pas un contrat, mais une alliance de bénédiction

À méditer : Genèse 12 : 1-3

TU AS BESOIN DE L'ALLIANCE DE BÉNÉDICTION

«Nul ne peut servir deux maîtres. Car, ou il haïra l'un, et aimera l'autre; ou il s'attachera à l'un, et méprisera l'autre...» (Matthieu 6 : 24)

L' alliance de bénédiction est ce qui amène la bénédiction à s'attacher à toi, à tes proches et à ta descendance. Tout ce que tu touches, ce que tu entreprends est béni. Dieu se sent immédiatement concerné par ce qui te concerne. C'est cette alliance qui a parlé lorsque le roi Abimelec a pris la femme d'Abraham comme épouse.

Bien que l'erreur soit venue d'Abraham, Dieu a empêché Abimelec de la toucher. C'est toujours en raison de l'alliance de bénédiction que les faveurs d'Abraham ont été répercutées sur sa descendance.

Si tu as une alliance de bénédiction par rapport à la santé, celle-ci ne se limitera pas seulement à toi. Elle touchera tes proches et ta descendance. L'alliance de bénédiction fonc-tionne comme le mariage, tout ce qui est à ton conjoint est à toi, et tout ce qui le concerne te concerne.

Si tu traverses une épreuve d'arrachement, puisses-tu trans-former tes larmes en alliance de bénédiction dans le nom de Jésus ! À David, Dieu a promis la royauté mais après qu'il eut posé un certain acte (2 Samuel 7). Dieu a promis la royauté à toute sa descendance, de sorte que Jésus est appelé fils de David à cause de cette alliance. Dieu veut te bénir, bénir tes proches et ta descendance.

L'ennemi de l'alliance de bénédiction c'est l'attachement trop fort à autre chose qu'à Dieu. Tout ce que tu aimes un peu trop : ton nom, ta réputation, tes enfants, ton honneur, ta spi-ritualité, ton travail, tes amis, ton conjoint, etc. peuvent être sujets à l'épreuve 5, pour te permettre d'être lié à Dieu sans intercalaires. Dès l'instant où Christ entre dans ton cœur, cette alliance est acquise, seulement elle peut ne pas être activée. Un peu comme si on te donnait une voiture, alors que tu n'as pas le permis. Malgré qu'elle soit à toi, tu ne pourras pas l'utiliser.

Le désert 5 vient pour te permettre d'activer ton alliance de bénédiction. Que ton alliance de bénédiction transporte la santé, la prospérité, la paix divines sur toi, tes proches et tes descendants.

ACTION DU JOUR : Malgré la douleur de l'arrachement, fais cette prière: «Je te bénis Seigneur pour ce désert 5 qui me permettra de rentrer dans l'alliance de bénédiction. »

À méditer : Actes 3 : 25-26

DIEU NOUS ÉPROUVE À TRAVERS NOS DOULOUREUSES PERTES

«Et il [Jacob] déchira ses vêtements, il mit un sac sur ses reins, et il porta longtemps le deuil de son fils. » *(Genèse 37 : 34)*

D ans ta marche chrétienne, Dieu te conduira dans le désert 5 qui se manifestera par des problèmes et des difficultés que tu auras vis-à-vis des choses auxquelles tu es vraiment attaché. De manière inconsciente, tu peux ne pas te rendre compte que tu es plus attaché, par exemple, à ton travail qu'à Dieu.

Oui, il y a quelque chose que tu aimes beaucoup, et avant d'activer l'alliance de bénédiction, cette chose sera soumise à de rudes épreuves. On dit qu'on aime le Seigneur mais c'est quand Dieu sonde notre cœur, qu'on peut découvrir qui a la priorité de notre attachement. Qu'est-ce qu'on peut toucher dans ta vie qui te mettra dans l'angoisse au point qu'on ne pourra te remonter le moral ? Si tu arrives à ressortir rapi-dement de cette angoisse parce que tu trouves ta force en Dieu, tu as réussi l'épreuve.

Dans la 5ème épreuve, Dieu touchera à ce que tu aimes afin que tu comprennes qu'on doit aimer Dieu plus que tout et ac-cepter la séparation douloureuse d'avec les choses auxquelles on est attaché, pour que la vie divine se manifeste pleinement en nous. Quand ce type d'événements douloureux survient dans ta vie, réjouis-toi au fond de ton cœur, car tu es près d'activer l'alliance de bénédiction. Ces difficultés ont pour but de te détacher de ce à quoi tu étais attaché. Tu auras effecti-vement l'impression de perdre quelque chose d'important. Ta souffrance peut être très vive, mais Dieu le fait pour te donner quelque chose de meilleur.

Pour recevoir ce qui est meilleur, il faut que ce qui est bon disparaisse. Dieu peut permettre au diable de toucher à quelque chose à laquelle tu es attaché parce qu'Il veut te permettre d'avoir le bon raccordement. Satan pense te détruire, mais Dieu va te repositionner sur quelque chose de plus glorieux.

La perte que tu subis te fera mieux voir celui que tu es et ce que Dieu veut faire avec toi. Sois prêt(e) à tout donner à Dieu. Sois passionné de Christ. Aime Le plus que tout au monde

ACTION DU JOUR : Chaque fois qu'une perte me fait très mal, je dois prendre conscience que je suis dans le désert 5, et m'évertuer à me reconnecter profondément à Dieu.

À méditer : 1 Samuel 30 : 1-8

COMMENT TRIOMPHER DE L'ÉPREUVE 5 ET ACTIVER L'ALLIANCE DE BÉNÉDICTION ?

«Ne savez-vous pas que vos corps sont des membres de Christ? Prendrai-je donc les membres de Christ, pour en faire les membres d'une prostituée? Loin de là! » (1Corinthiens 6 : 15)

Il y a globalement 5 attitudes qui te permettront de changer tes arrachements en alliance de bénédiction : le détachement, servir Dieu en toutes circonstances, rester connecté à la vraie source, et prendre garde aux attachements subtils, les of-frandes sacrificielles. Aujourd'hui, je te parlerai du détachement.

L'alliance de bénédiction est activée ou désactivée en fonc-tion de l'état de ton cœur, à cause d'une pensée qui est en toi. Elle se mettra en marche en fonction de ce sur quoi ton cœur est engagé. C'est ce que nous avons appelé « l'attachement ». Il s'agit des choses qui nous tiennent à cœur. Plusieurs chrétiens sont attachés à une personne, un objet, un concept, une manière de faire, un divertissement, une activité, etc.

Quand est-ce que l'épreuve 5 survient-elle dans ta vie? Lorsque l'alliance de bénédiction n'est pas activée. Dieu est alors à l'œuvre pour te donner le bon attachement, la bonne connexion intérieure, la bonne connexion de l'âme, pour que la vie et les promesses divines puissent circuler en toi et por-ter des fruits à Sa gloire. C'est possible que tu aies déjà le bon attachement, mais Dieu, dans la cinquième épreuve, testera cet attachement pour le garantir, le protéger et le renforcer. Un attachement est une forme d'alliance. Or, une alliance a souvent le propre d'être exclusive. Quand un mari, allié à sa femme, va s'allier maritalement à quelqu'un d'autre, cela dé-truit la première alliance. Une alliance est brisée par une contre alliance.

C'est ainsi que l'adultère vient attaquer et bri-ser le mariage. Si ton conjoint te parle mal, ne partage pas ses biens avec toi, te chasse de la maison, etc. cela ne brisera pas votre alliance. Mais l'adultère si. S'il n'y a pas de pardon, l'adultère découvert peut même conduire au divorce.

Ce qui fait que ton alliance de bénédiction avec Dieu ne fonctionne pas, c'est qu'inconsciemment ou consciemment, tu as établi d'autres liens ou attachements. Ces attachements parallèles empêcheront à la vie de Dieu de prendre le dessus et d'affecter ta vie, ainsi que celle de ton entourage. D'où la nécessité de te détacher de tout ce qui te tient trop à cœur. Il ne s'agit pas forcément de les abandonner mais de ne plus les aimer plus que Dieu.

PRIÈRE : En comptant sur la grâce divine, je prends la décision d'aimer Dieu plus que tout au monde.

À méditer : 1 Corinthiens 6 : 15-17

SERVIR DIEU EN TOUTES CHOSES ET CIRCONSTANCES

«Tout ce que vous faites, faites-le de bon cœur, comme pour le Seigneur et non pour des hommes.» (Colossiens 3 : 23)

Après le détachement, la deuxième clé pour activer l'alliance de bénédiction, c'est de choisir de servir le Seigneur en toutes choses et en toutes circonstances. Quand tu es en train d'aider tes amis, fais-le pour Dieu. Cela te permet de recevoir en retour Sa bénédiction. Vois dans tout ce que tu fais un service pour Dieu. Si tu vas au boulot, ne travaille pas d'abord pour le salaire, travaille pour Dieu. Sois ponctuel et excellent parce que c'est pour Dieu, en plus du salaire que tu recevras de ton patron, tu recevras un salaire divin.

Quand tu éduques tes enfants, considère-les comme étant les enfants que Dieu t'a confiés. Éduque-les comme si ce n'était pas tes propres enfants, mais ceux de Dieu. Quand tu seras confronté à une limitation dans leur prise en charge, tu pourras invoquer le Seigneur ainsi : «Seigneur, les enfants que tu m'as confiés sont malades, guéris-les. Ils n'ont pas d'argent pour aller à l'école, pourvois s'il te plaît à leur minerval, etc.» Dans ce cas, Dieu se lèvera pour te répondre. La différence entre les croyants en Christ se fait entre autres au niveau de leur service pour Dieu. Quelqu'un qui considère que le jour où l'on doit donner la priorité à Dieu, c'est seulement le di-manche, ne peut pas activer ni développer l'alliance de bénédiction. Chaque jour, tu dois être en mode adoration, peu im-porte où tu es, au travail ou chez toi à la maison. Il faut que tu comprennes que tu dois servir Dieu dans tous les domaines de ta vie. Même si tu es un agent de sécurité, fais ton travail comme si c'était pour le Seigneur. C'est une question d'état d'esprit. Tu dois choisir de servir Dieu en tout temps, en toutes choses et en toutes circonstances. Être attaché au Seigneur c'est tout Lui dédier et faire toutes choses pour Sa gloire.

La Bible déclare : «… car il faut que celui qui s'approche de Dieu croie que Dieu existe, et qu'il est le rémunérateur de ceux qui le cherchent» (Hébreux 11 : 6). Dans ce verset, ne voyons pas le mot rémunérateur en termes pécuniaires. Si dans tes affaires, tu considères simplement tes clients ou ton patron, tu ne recevras que ce qu'ils pourraient te donner. Par contre, si tu agis d'abord pour le Seigneur, tu seras en mode échange avec Dieu. Ce que tu recevras de Lui, ne sera pas l'ar-gent, mais plutôt Sa faveur qui peut tout te procurer, activant ainsi l'alliance de bénédiction dans ta vie.

ACTION DU JOUR : Tout ce que je peux faire, pour moi et pour les autres, je dois le faire comme si c'était pour le Seigneur

À méditer : Colossiens 3 :17

CE QUE JE DOIS RETENIR

POUR CETTE SEMAINE :

1 Réussir le temps de longues attentes, c'est tenir jusqu'à ce que le temps de la chose attendue arrive.

2 L'épreuve de l'arrachement c'est lorsqu'une chose déjà acquise, à laquelle j'avais fini par m'attacher, m'est enlevée. Cette épreuve est la porte d'une grande bénédiction.

3 L'oasis 5 est une clé spirituelle pour attirer dans ma vie l'alliance de bénédiction.

4 J'ai besoin de l'alliance de bénédiction pour voir la bénédiction s'attacher à moi, à mes proches et à ma descendance.

5 Mes douloureuses pertes révèlent souvent ce à quoi je suis attaché plus qu'à Dieu.

6 Si l'alliance de bénédiction avec Dieu ne fonctionne pas dans ma vie, c'est qu'inconsciemment ou consciemment, j'ai établi d'autres liens ou attachements plus forts.

7 Servir Dieu en toutes choses et en toutes circonstances est la deuxième clé pour activer l'alliance de bénédiction divine dans ma vie.

NOTES

RESTE CONNECTÉ À LA VRAIE SOURCE

«Après ces choses, Dieu mit Abraham à l'épreuve, et lui dit: Abraham!
Et il répondit: Me voici! Dieu dit: Prends ton fils, ton unique, celui que
tu aimes, Isaac; va-t'en au pays de Morija, et là offre-le en holocauste...»
(Genèse 22 : 1)

Beaucoup d'hommes de Dieu de la Bible comme Abraham ont connu l'oasis 5. Quand Dieu a demandé à Abraham de Lui offrir son fils unique Isaac, celui qu'il aimait, Abraham n'avait pas discuté. Il a obéi proprement au Seigneur. Alors qu'il allait sacri-fier l'enfant, Dieu l'a arrêté parce que la preuve de son atta-chement indéfectible était faite.

Comme Abraham, la chose que tu as attendue depuis des années et que Dieu t'a donnée, tu dois être capable de la Lui rendre en preuve d'amour, démontrant ainsi que tu L'aimes plus que cette chose-là. Ce n'est pas que Dieu soit égoïste et qu'Il veuille récolter tout l'amour du monde. Non! C'est juste que lorsqu'on est fortement attaché à une chose, celle-ci de-vient une source de vie pour nous. C'est elle qui nous donne, soit la joie, soit la tristesse, empêchant que le divin prenne librement place.

Tous les hommes sont sortis de Dieu. L'attachement est comme une plante qui doit être enracinée dans le sol pour s'épanouir. La graine de maïs porte en elle-même d'autres épis de maïs. Mais puisque toutes les plantes sont nées à par-tir de la terre, l'épanouissement d'une plante vient lorsqu'elle est attachée à sa source. Quand Dieu voulut créer l'homme, Il n'a pas parlé à la terre ni à l'argent, ni à un autre homme, Il a dit à Lui-même : «Créons l'homme à notre image.» L'homme est donc sorti de Dieu. L'attachement, c'est la connexion avec sa source. Tout ce que Dieu a mis dans le maïs ne sera pas visible tant que la graine ne sera pas plantée dans la terre. Tout ce que Dieu t'a donné ne peut pas se manifester si tu es attaché à autre chose qu'à Lui. De la même manière, l'alliance de bénédiction est en toi. Le problème est que tu as mis tes racines ailleurs. L'argent n'est pas ta source, les êtres humains ne sont pas ta source, encore moins une bonne réputation.

Parce qu'Abraham était attaché à la source, à Dieu et non à Isaac, Dieu l'a béni en jurant (Genèse 22). Si tu t'attaches à la bonne source, Dieu te bénira en jurant. Si Dieu jure pour toi, tu peux être au repos car tu as tout reçu! Il fera pour toi des choses extraordinaires. Veille à ta connexion avec Dieu plus que tout. Ne laisse à personne, ni à aucune chose le pouvoir de prendre la place de Dieu dans ta vie.

ACTION DU JOUR : Comme Abraham, lorsque je passe par l'épreuve 5, je dois prouver à Dieu que je L'aime plus que tout ce qu'Il m'a déjà donné.

À méditer : Genèse 22 :15

HALTE AUX ATTACHEMENTS SUBTILS !

«Celui qui aime son père ou sa mère plus que moi n'est pas digne de moi, et celui qui aime son fils ou sa fille plus que moi n'est pas digne de moi. »
(Matthieu 10 : 37)

L orsque notre attachement charnel concerne des choses négatives, cela est facile à discerner. Cependant, la cinquième épreuve peut être complexe du fait que notre attachement peut concerner des choses légitimes, sans qu'on se rende compte qu'elles ont pris la place de Dieu dans nos cœurs. Il s'agit par-ticulièrement de nos pères, mères, frères et sœurs, ou plus spécialement de nos conjoints et enfants. Ces personnes cons-tituent pour toi des attachements très subtils et difficiles à évaluer.

Christ a dit : «Si quelqu'un vient à moi, et s'il ne hait pas son père, sa mère, sa femme, ses enfants, ses frères, et ses sœurs, et même sa propre vie, il ne peut être mon disciple. » (Luc 14 : 26). Il n'est pas en train de dire d'avoir de la haine dans le sens littéral ou de les rejeter car cela serait en contradiction avec le texte qui dit d'aimer son prochain comme soi-même. Il s'agit de veiller à ce que l'amour que tu as pour Dieu soit plus grand que celui avec lequel tu aimes les gens de ta famille. Autrement dit, tu dois aimer Dieu comme si tu détestais les membres de ta famille. Le passage de Matthieu 10 : 37 exprime clairement la pensée de Christ. Lorsque tu parviens à aimer Dieu plus que les membres de ta famille, tu es en train d'activer l'alliance de bénédiction dans ta vie dont ces derniers seront les premiers bénéficiaires. Lorsque tu aimes d'abord Dieu, tu trouveras l'amour pour ta famille. Christ dit encore : «Celui qui ne prend pas sa croix, et ne me suit pas, n'est pas digne de moi » (Matthieu 10 : 38). Être digne de quelqu'un, c'est partager la dignité de cette personne, ce qui la met en valeur et fait d'elle ce qu'elle est. Autrement dit, si tu aimes les personnes que tu es censé aimer plus que Christ, tu ne peux pas partager la dignité de Christ.

À cause de leurs conjoints et enfants, il y a des chrétiens qui sont très occupés et n'accordent plus de temps au Seigneur. Le Seigneur en est jaloux. On sacrifie le temps qu'on devrait Lui accorder, prétextant qu'Il comprend. Ce n'est pas que Dieu soit égocentrique. C'est parce qu'Il veut que Sa gloire t'illumine et vienne également sur ceux que tu aimes. Si tu fais l'inverse, tu bloques le flux de l'alliance et Sa gloire ne sera plus sur toi. Ton foyer qui aurait dû être une bénédiction deviendra un problème parce que la source du bonheur conjugal et familial qui est en Dieu a été coupée. Explique à tous autour de toi que ton premier amour c'est le Seigneur.

ACTION DU JOUR : L'attachement que je dois le plus contrôler dans ma vie, est celui que j'ai vis-à-vis de mon conjoint et de mes enfants, afin qu'il ne prenne pas la place de Dieu dans ma vie

À méditer : Philippiens 3 : 8

SERVIR DIEU DANS UN ESPRIT DE SACRIFICE

«Mais le roi David dit à Ornan: Non! Je veux l'acheter contre sa valeur en argent, car je ne présenterai point à l'Éternel ce qui est à toi, et je n'offrirai point un holocauste qui ne me coûte rien. » (1 Chroniques 21:24)

L'alliance de bénédiction doit être développée et renforcée. Elle doit arriver à un niveau où ce n'est pas seulement ceux qui te bénissent qui sont bénis. Elle doit atteindre le niveau où une simple parole que tu prononces transporte la bénédiction de façon réelle et palpable dans la vie des personnes que tu bénis.

Dans cette dimension, toute porte que tu ouvres pour quel-qu'un est ouverte, et toute porte que tu fermes est fermée. Pour que le Seigneur te donne un tel pouvoir, Il va d'abord s'assurer que Lui et toi avez le même cœur pour que tu ne détruises pas la vie des gens. La capacité à ouvrir ou fermer une porte s'appelle dans la Bible la clé de David. « Je mettrai sur son épaule la clé de la maison de David : Quand il ouvrira, nul ne fermera; Quand il fermera, nul n'ouvrira. » (Ésaïe 22 : 22)

La troisième clé pour activer l'alliance de bénédiction est de servir Dieu avec un cœur de sacrifice, c'est le type de cœur qu'avait David. Pour comprendre la clé que David a obtenue, il faut regarder sa manière de servir le Seigneur. En observant avec attention, on réalise qu'il y a une différence entre Abra-ham et David. Abraham a accepté de sacrifier Isaac à la de-mande de Dieu Lui-même. On observe la même chose chez Moïse qui agissait sur instruction divine. Contrairement à Moïse et à Abraham, David n'attendait pas que Dieu lui de-mande quelque chose. Il observait son Dieu, discernait ce qu'Il désirait et le Lui offrait délibérément. De plus, David n'hésitait pas à offrir à Dieu ce qui avait de la valeur pour lui. Tout ce qu'il offrait à Dieu était précieux pour lui. Il y a des choses que Dieu ne te demandera pas. L'aptitude à pouvoir offrir ces choses au Seigneur est ce qui déclenche la clé de David, ce qui constitue un supplément de l'alliance de bénédiction. Ainsi, l'alliance de bénédiction s'ouvre dans la vie de ceux qui ont le réflexe d'apporter à Dieu les choses qui ont de la valeur pour eux. Le secret de la clé de David, c'est discerner ce que Dieu aime et le Lui offrir. Pour arriver à savoir ce qui plaît à Dieu, il faut apprendre à observer le Seigneur pendant longtemps. Ceux qui obtiennent cette clé sont de grands adorateurs. C'est-à-dire qu'ils prennent du temps pour admirer les œuvres de Dieu.

ACTION DU JOUR : Je dois apprendre à connaître le Seigneur afin de Lui offrir dé-libérément ce que Son cœur désire et veiller à ce que cela ait une grande valeur

À méditer : 1 Chroniques 21 : 20-30

LE DÉSERT 6 OU L'ÉPREUVE DU SURPLACE

« Le troisième mois après leur sortie du pays d'Egypte, les enfants d'Israël arrivèrent ce jour-là au désert de Sinaï. Etant partis de Rephidim, ils arrivèrent au désert de Sinaï, et ils campèrent dans le désert; Israël campa là, vis-à-vis de la montagne. » (Exode 19 : 1-2)

L a 6e épreuve est l'épreuve du surplace. C'est une période durant laquelle rien ne semble évoluer dans ta vie. En effet, comme mentionné dans les passages ci-dessus, en route pour la terre promise, Israël arrive au désert du Sinaï, trois mois après sa sortie d'Égypte. Mais, ce n'est que deux(2) ans plus tard que le peuple va quitter le désert du Sinaï pour continuer sa route (Nombres 10 :11). Durant deux années, Israël est resté à la même place.

Si tu es confronté à une période où ta vie sociale, spirituelle, sentimentale, financière, familiale, professionnel, etc. fait du surplace, il est probable que tu sois entré dans le désert 6. Les choses n'avancent pas, elles ne reculent pas non plus. Quatre ans au même poste, deux ans au même niveau dans l'église, trois ans avec le même salaire…Tu traverses l'épreuve du surplace, c'est sûr. Le problème avec le surplace est que, pendant que les circonstances de ta vie semblent bloquées, tout autour de toi évolue, ton âge continu d'avancer, la vie devient plus chère, de sorte que celui qui n'avance pas, a l'impression de régresser. En réalité, tu es sur le point de recevoir une chose glorieuse de Dieu : le revêtement de l'Esprit ou le revê-tement divin. En effet, après les deux années passées au Sinaï, au moment où Israël s'apprêtait à reprendre le chemin de Canaan, une nuée s'est élevée.

Cette nuée est le symbole du revêtement dont Jésus a été couvert après Ses épreuves du désert. Et c'est grâce à ce revêtement (ou cette onction) que Jésus est entré avec puissance dans le ministère. Toi aussi, si tu fais du surplace, sache que tu es sur le point d'être recouvert de la nuée de Dieu, du revê-tement divin. Ton Dieu veut que tu sois puissant pour entrer dans ton Canaan. Le revêtement de puissance est un trésor caché dans l'épreu-ve du surplace.

Cependant, faire du surplace te rend aussi vulnérable à cer-taines tentations. Dans le nom de Jésus, tu triomphes de toutes ces tentations pour recevoir ton revêtement. Ne panique pas, ne pleure pas, ce ne sont pas forcément des démons ou des liens qui maintiennent ta vie bloquée. Il est pos-sible que ce soit Dieu qui souhaite te revêtir, te rendre puis-sant, pour que tu saisisses pleinement ta promesse

ACTION DU JOUR : Merci Seigneur pour la leçon que tu me donnes de com-prendre par ce désert. Sois glorifié car Tu me donnes de rece-voir la grâce rattachée à ce désert

À méditer : Luc 4 : 14

REÇOIS LE REVÊTEMENT DIVIN DANS TES ÉPREUVES DU SURPLACE

« Jésus, revêtu de la puissance de l'Esprit, retourna en Ga-lilée, et sa renommée se répandit dans tout le pays d'alen-tour. Il enseignait dans les synagogues, et il était glorifié par tous. » (Luc 4 : 14-15)

Imagine-toi un policier qui n'est pas en tenue. Pourra-t-il arrê-ter les véhicules en infraction? Non! Pourra-t-il mettre de l'ordre? Non! Pourquoi? Parce que même s'il est policier, le simple fait de ne pas être en tenue rend pénible et inefficace ses actions. L'habit ne fait pas le moine, mais c'est à l'habit qu'on reconnait le moine.

Les esprits impurs ont commencé à reconnaître Jésus après qu'Il eut été revêtu. Avant ce revêtement, bien qu'Il fût Fils de Dieu, les démons ne réagissaient pas en Sa présence. Il existe un revêtement invisible pour être un bon leader, un bon pa-rent, un bon conjoint, un excellent travailleur. De même qu'un policier sans sa tenue ne sera pas respecté par les malfrats, un père qui n'a pas de revêtement n'aura pas d'autorité sur les esprits qui attaqueront sa maison, et aura des difficultés à se faire respecter dans sa propre maison. Un pasteur sans revêtement ne sera pas écouté, il n'aura pas d'autorité. Une épouse sans revêtement ne pourra pas exercer efficacement dans son foyer.

Il existe dans l'invisible une marque que Dieu donne pour permettre à une personne de posséder son territoire et d'en chasser les esprits impurs. Parce qu'Israël a manqué son re-vêtement, il a été effrayé par les géants dans sa terre promise. La nuée présente n'a profité qu'à Moïse et à ceux qui avaient cherché à avoir accès à la véritable intimité de Dieu dans le tabernacle. C'est pourquoi des personnes comme Josué se sentaient capables de chasser les géants de Canaan.

Un policier en tenue ne sera pas effrayé par la grosseur du camion, ni par la beauté d'un véhicule. Dès qu'il est en tenue la voiture s'arrêtera à son injonction, quelle que soit la forme du policier. Le même policier sans son revêtement n'osera pas se mettre au milieu de la chaussée pour y mettre de l'ordre. Tu as réellement besoin du revêtement divin pour posséder ton territoire et entrer dans ta destinée. Ton revêtement imposera silence et soumission à tout démon, malfrat, méchant sur ton territoire de destinée.

ACTION DU JOUR : Seigneur, je soupire de tout cœur après Ton revêtement. Ac-corde-moi la grâce de le recevoir au nom de Jésus.

À méditer : Exode 34 : 29-34

L'ÉPREUVE DU SURPLACE POUR RENOUVELER TA MENTALITÉ

« Quand les fondements sont renversés, Le juste, que ferait-il? »
(Psaumes 11:3)

Pendant longtemps dans ma vie, j'étais contrôlé par un esprit d'inachèvement. Je n'allais pas jusqu'au bout de ce que j'entreprenais. Je me suis rendu compte que cela venait d'un manque de confiance en moi; un complexe engendré par les nombreux reproches et moqueries dont j'avais été l'objet dans mon enfance. J'étais très hésitant en tout, manquant de con-viction. Ma conscience avait été souillée.

Même en tant que chrétien, cet esprit d'inachèvement me paralysait. Je savais que Dieu m'avait donné la grâce d'écrire, mais je n'arrivais jamais à achever un livre ou une œuvre importante, à cause de cette mentalité souillée. J'étais bloqué et limité par une forteresse interne que Dieu a brisée dans un désert du surplace. Dans le nom de Jésus, toi aussi tu triom-phes de toutes pensées de limitation.

Il y a quelques années, je suis tombé sur une vidéo où des psychologues faisaient une expérience sur des enfants noirs américains de moins de 7 ans. Il leur demandait de faire le choix entre une poupée de couleur blanche et une de couleur noire. En leur posant la question de savoir, laquelle était la plus belle, la plus intelligente, la plus gentille. La majorité des enfants interrogés désignaient la poupée blanche comme étant la meilleure.

Tandis qu'à la question de savoir laquelle était la plus laide, méchante, moins intelligente, ils désignaient presque tous la poupée noire. Sans que les poupées n'aient posé le moindre acte, l'inconscient des enfants les avaient déjà jugées.

Et les psychologues achevaient les questions par celle-ci: «À laquelle de ces poupées ressembles-tu?» Et bien sûr, les enfants noirs désignaient la poupée noire. Ce qui signifie qu'inconsciemment, sachant qu'ils étaient noirs, ils étaient prédisposés à être moins intelligents que les blancs, plus mé-chants et moins beaux que les hommes blancs (https://youtu.be/AF-HdpfcvKic). La conscience fonctionne un peu comme un récipient. S'il est sale, toute l'eau propre que tu y mettras se salira. Quand bien même Dieu dit que tous les hommes sont égaux, et fait à Son image, la conscience souillée, à l'instar de celle de ces enfants noirs, te donnera toujours l'impression d'être inférieur aux blancs. Tant que tu croiras que ta richesse dépend de ton compte en banque, il te sera difficile d'accepter la Pa-role de Dieu qui dit que tu es riche par la croix de Jésus. Cette conscience éloignera de toi tout ce que Dieu souhaitera te donner.

Par contre, si le récipient est propre, il recevra favorable-ment toute la Parole de Dieu. Pour nettoyer un verre sale, comme pour une conscience souillée, il faut la rincer abondamment à l'eau. Mais pour ce faire, il faut d'abord stabiliser le verre et y verser de l'eau. Le désert du surplace est le moment où Dieu te bloque en vue de te remplir abondamment de Sa parole, jusqu'à ce que celle-ci te purifie des consciences souillées qui peuvent te paralyser devant les adversités de ta terre promise.

Lorsque Dieu te fait faire du surplace, c'est pour laver ta conscience. Lorsque tu sentiras que ton couple, tes affaires, ta vie en général fait du surplace, surtout ne panique pas, Dieu souhaite renouveler ton intelligence, élargir tes conceptions de base pour te donner un plus grand héritage. L'épreuve du surplace t'annonce que tu es sur le point de passer à un autre niveau. Pour cela, Dieu doit renouveler ton intelligence.

Plus vite tu saisiras ce que Dieu souhaite te faire acquérir, moins long sera ton désert du surplace.

ACTION DU JOUR : Seigneur, change ce que Tu souhaites changer en moi, donne-moi la mentalité nécessaire pour avancer vers ma destinée.

À méditer : Romains 12 :1-2

NE CÈDE PAS À LA BANALISATION DANS TON DÉSERT DU SURPLACE

*«Le lendemain, ils se levèrent de bon matin, et ils offrirent des holocaustes et des sacrifices d'actions de grâces. Le peuple s'assit pour manger et pour boire; **puis ils se levèrent pour se divertir.** » (Exode 32 : 6)*

Comme je te l'avais dit, les épreuves 4, 5 et 6 se sont toutes déroulées dans la même période, pendant qu'Israël était dans le désert du Sinaï. En plus du veau d'or, qui a fortement déplu à Dieu, les textes citent comme mauvaises actions le « divertissement ». Le mot divertir semble ne pas être négatif, mais pour comprendre ce dont il est question, il faut le prendre dans le sens originel.

Les mots Tsachaq (hébreu) et Paizo (grec) traduits par di-vertir, signifient plaisanter, banaliser, jouer avec... En effet, lorsqu'on fait du surplace, on finit par s'habituer aux personnes, aux choses, et l'habitude peut nous amener à tout ba-naliser, même les choses sacrées et importantes.

Le surplace engendre de la monotonie, de l'ennui et de la familiarité. Et la familiarité peut engendrer la négligence, la banalisation, voire le mépris. «Maudit soit celui qui fait avec négligence l'œuvre de l'Eternel...» (Jérémie 48 : 10)

Ne cède pas à la tentation de la négligence. Quel que soit le nombre d'années que tu fais dans le même travail, mets-y toujours ton cœur, ta force et ton zèle. Quel que soit le nombre d'années pendant lesquelles tu prêches, chantes ou sers Dieu, fais-le toujours avec plus de zèle, comme si c'était la dernière fois. Je suis toujours étonné de voir comment les plus grands champions continuent de s'entraîner avec zèle et passion. Toi aussi, tu es un champion pour Dieu. Pour te for-mer, Il doit te faire passer par ce désert du surplace. Ne te laisse pas séduire en commençant à faire tes œuvres avec négligence.

Marc 6 : 3-6 nous relate comment Jésus n'a pas pu faire des miracles dans Sa propre famille et Sa ville. La familiarité a amené les personnes qui L'avaient vu grandir à Le banaliser, les empêchant de recevoir les miracles. Ainsi, malgré la vo-lonté de Jésus d'en faire, la Bible dit : «Il ne put en faire», car Il a été bloqué.

Prends garde à la familiarité. Elle t'amène à banaliser les choses sacrées et les personnes à qui tu dois du respect. Si ta proximité avec ton patron, ton leader, ton mari, ta femme, te fait oublier qui il est, au point de ne plus réellement le respecter, tu auras échoué ton désert du surplace, et tu ne recevras pas le revêtement.

Même si les choses semblent monotones avec ton mari, respecte-le toujours, ne le considère jamais comme inférieur à toi. Aime toujours ta femme, honore-la, ne laisse jamais le nombre d'années t'amener à ne plus la regarder avec honneur. Prends garde à ce que le désert du surplace ne t'amène à banaliser l'église, le culte, le service dans la maison de Dieu. Aie toujours de la révérence pour les choses sacrées. Respecte toujours, honore toujours, valorise toujours, ne plaisante ja-mais avec ce que Dieu appelle «sacré».

Une autre tentation du désert du surplace, c'est la distrac-tion : la monotonie risque de créer toute sorte de distractions et te détourner de l'essentiel. Prends-en garde

ACTION DU JOUR : Tu commences à faire ton travail avec négligence, à banaliser quelqu'un; repens-toi, et change d'attitude. Tu auras le vêtement de gloire.

À méditer : Marc 6 : 1-6

CE QUE JE DOIS RETENIR

POUR CETTE SEMAINE :

1 Dieu est ma Source et je ne peux déployer pleinement mon potentiel sans être en connexion exclusive avec Lui.

2 L'attachement que j'ai envers mon conjoint et les autres membres de ma famille est tellement légitime qu'il peut concurrencer la place du Seigneur dans ma vie, je dois rester vigilant.

3 Servir Dieu dans un esprit de sacrifice est la troisième clé pour activer l'alliance de bénédiction dans ma vie.

4 Dans le désert du surplace, rien ne semble évoluer dans ma vie, mais c'est grâce à cette épreuve que je serai divinement revêtu pour accomplir des exploits.

5 Le revêtement est dans l'invisible une marque divine que Dieu pose sur une personne pour lui permettre de posséder son territoire et de saisir ses grâces.

6 Autant un verre sale a besoin d'abondamment d'eau pour être propre, autant une conscience souillée a besoin de l'abondance de la Parole pour être purifiée.

7 Je ne dois jamais laisser la monotonie du surplace me distraire des choses à valoriser.

NOTES

NE TE DISPERSE PAS ET HONORE CE QUE TU DOIS HONORER

«Elie dit : Tu demandes une chose difficile. Mais si tu me vois pendant que je serai enlevé d'avec toi, cela t'arrivera ainsi; sinon, cela n'arrivera pas. » (2 Rois 2 : 10)

La durée de l'épreuve 6 dépend du temps que tu prends pour être renouvelé dans tes pensées et recevoir ton revêtement. Pour t'empêcher de le recevoir, l'ennemi va profiter de l'ennui cau-sé par le surplace, afin de te distraire et t'amener à banaliser les choses importantes. Quatre attitudes sont à développer pour triompher de l'épreuve du surplace et recevoir ton revêtement de gloire.

1- Reste focalisé (Galates 6 : 9). Pour recevoir le revête-ment spirituel qui était sur le prophète Elie, Élisée devait garder les yeux fixés sur lui. Si tu souhaites avoir le revête-ment qui manifestera la puissance de Dieu, Il te donnera de vaincre tes ennemis dans ton travail, tes études, ta maison, ton couple, ton église et dans ta terre promise; reste toujours concentré et fais bien ce que tu fais malgré la monotonie de ton désert du surplace. Lorsque ton foyer devient ennuyeux, reste focalisé, continue de bien faire ce que tu fais. Lorsque tu n'avances pas professionnellement, ne t'irrite pas, continue de bien faire ce que tu fais, reste focalisé. Lorsque ton église, ton ministère n'aura pas l'évolution escomptée, continue de faire le bien que tu fais, n'arrête pas, reste focalisé, tu mois-sonneras la gloire.

2- Aie de la révérence, honore toujours ce que tu dois honorer (Matthieu 10 : 41). La grâce que tu reçois de la vie d'une personne est déterminée par le type d'honneur que tu lui donnes. En recevant Jésus, non comme un prophète mais comme le fils du charpentier, les habitants de son village n'ont pas bénéficié des grâces de Jésus le puissant Sauveur. Si tu considères ton pasteur seulement comme un ami, tu ne recevras de lui que de l'amitié, et jamais rien de ce que son onction pastorale peut te donner. Si tu n'honores pas tes pa-rents comme des parents, toi-même tu ne recevras pas le manteau de père ou de mère, et tes enfants te traiteront sans respect. Si tu considères ton conjoint comme un collègue, tu auras un collègue à la maison et non pas un(e) époux(se). Donc, quel que soit le temps que tu as passé avec certaines personnes, n'oublie jamais la position que Dieu leur a donné et honore-les comme tel. Tu dois récupérer la grâce de leurs manteaux pour exercer toi-même avec le manteau que Dieu te réserve.

Je te parlerai de deux autres attitudes demain.

ACTION DU JOUR : Est-ce que je continue d'honorer les personnes qui me sont familières comme je le devrais? Si oui, je persévère, si non, je me repens et je fais le bien.

À méditer : 1 Corinthiens 12 : 23 ; Romains 13 : 7-8

PURIFIE TA CONSCIENCE POUR VAINCRE L'ÉPREUVE DU SURPLACE

« ... Pour renverser des forteresses. Nous renversons les raisonnements et toute hauteur qui s'élève contre la connaissance de Dieu, et nous amenons toute pensée captive à l'obéissance de Christ. » (2 Corin-thiens 10 : 3-5)

En changeant le nom d'Abram en Abraham (Genèse 17:5), qui signifie « père de beaucoup d'enfants », Dieu était en train de l'exposer à la vérité de Sa Parole. Chaque fois qu'on l'appelait Abraham, on entendait «celui qui a beaucoup d'enfants», malgré qu'il n'ait pas d'enfant. Pourquoi? Pour pouvoir réaliser Sa promesse dans la vie d'Abraham, Dieu avait besoin que la conscience d'Abram soit purifiée de la pensée selon laquelle il ne pouvait pas avoir d'enfant à plus de 100 ans, et que Sara non plus ne pouvait concevoir.

Dieu peut tout, mais notre conscience peut nous limiter. Alors, Dieu satura Abraham de Sa Parole. Il a procédé de même avec Jacob en l'appelant «Israël», pour le sortir de la mentalité de l'échec et lui donner celle de vainqueur. C'est ce que la Parole de Dieu décrit dans 1 Pierre 1:23; celui qui reste dans la vérité de manière permanente, régénère même ses cellules, ses gènes corrompus et malades. Chaque fois que tu traverses un désert du surplace, sache que Dieu souhaite reformater ton système de pensées, ou te guérir de liens persistants. Alors, garde le calme et sature-toi de la Parole de Dieu, écoute et lis-La constamment. Dès que tu discernes un désert du surplace, plonge-toi dans la méditation chronique des saintes écritures. Lorsque je voulais opérer de plus grands miracles durant mes croisades, l'Esprit m'a conduit à lire constamment les miracles que faisait Jésus. Et Dieu a com-mencé à faire de plus grands miracles à travers moi.

En Jean 8 : 30-32, Jésus disait aux juifs qui avaient cru en Lui, que pour être totalement libre il leur fallait demeurer dans la Parole, c'est-à-dire y rester longtemps. Lorsqu'un lien, une faiblesse, un mauvais caractère est persistant, Dieu t'immobilise au désert du surplace, en vue de te saturer de la Parole jusqu'à briser ce lien. Il est de ton devoir d'accepter de demeurer, de rester calme et de te plonger dans la Parole de Dieu, jusqu'à ce que les liens tombent. Le jour 27, j'ai mentionné l'eau abondante qui doit venir laver le verre dans le désert du surplace. Sature-toi de la Parole de Dieu, écoute attentivement les enseignements bibliques. Chaque mot de la Parole que tu entends, te purifie progressivement.

ACTION DU JOUR : Je dois lire et écouter régulièrement la Parole de Dieu. Ma voiture, ma chambre, mon bureau, etc. seront saturés de la Parole de Dieu

À méditer : Jean 8 : 30-32

SOIS REMPLI DU SAINT-ESPRIT JUSQU'À DÉBORDER

« Voici mon serviteur, que je soutiendrai, Mon élu, en qui mon âme prend plaisir. J'ai mis mon Esprit sur lui; Il annon-cera la justice aux nations. »
(Esaïe 42 : 1)
« Mais vous recevrez une puissance, le Saint-Esprit surve-nant sur vous, et vous serez mes témoins à Jérusalem, dans toute la Judée, dans la Sama-rie, et jusqu'aux extrémités de la terre. » *(Actes 1: 8)*

Il est dit dans les passages ci-dessus que pour être apprécié, soutenu par Dieu, il faudrait avoir le Saint-Esprit « SUR » soi. Également, pour être un témoin efficace de Jésus, il faudrait avoir le Saint-Esprit «**SUR**» soi. Il y a une différence entre avoir le Saint-Esprit EN soi et SUR soi.

«EN soi», c'est la plénitude du Saint-Esprit; «SUR soi» et c'est le revêtement du Saint-Esprit. À ce désert 6, non seule-ment Dieu te remplit, mais Il te revêt également du Saint-Esprit. En effet, dans Luc 4 : 1, on lit que Jésus a été rempli du Saint-Esprit, avant d'être revêtu du Saint-Esprit dans Luc 4 : 14. Pour avoir le revêtement divin, il faut d'abord être rempli. Reçois la plénitude du Saint-Esprit! Tu es comme un verre. À chaque désert du surplace, lorsque tu te satures de la Parole de Dieu, tu es premièrement rempli de Sa Parole pour ôter les souillures de ta conscience. Puis, en continuant à y verser de l'eau, il se produit un débordement. Un débordement d'eau sale, qui fera progressivement place à de l'eau propre recou-vrant l'extérieur du verre. Le revêtement! C'est le débordement de l'eau de la Parole et du Saint-Esprit sur ton être extérieur. Lorsque tu traverses le désert du surplace, ne te laisse pas distraire, continue à bien faire ce que tu fais, valorise les biens et les personnes malgré le sentiment du déjà-vu. Prie et lis la Bible tout le temps, demande la plénitude de la Parole et du Saint-Esprit.

Le revêtement produira trois bénéfices immédiats :

•   **Tu feras fuir les mauvais esprits :** De même que le revêtement du policier fait fuir les malfrats, les esprits impurs te craindront. Tu constateras chaque fois que tu pries que les esprits de maladies, de disputes, les esprits de rébel-lion dans ton travail, ta maison, ton église, seront réduits au silence.

•   **Ta voix aura plus de pouvoir:** De même que le revê-tement du policier donne de l'autorité à sa voix, de même tu constateras que ta maison, ton église, ton travail, entendra et suivra (pour la plupart) les bonnes instructions que tu donneras.

•   **Tu auras les ressources nécessaires à l'exercice de ta mission :** L'habit du policier lui donne accès à des armes et à des outils spéciaux. Une fois que tu es recouvert du revêtement divin, tu constateras que tu obtiens plus facilement les ressources dont tu as besoin pour exercer ta mission.
Le revêtement t'accorde la puissance dont tu as besoin pour la suite. Recherche-le activement dans la prière chaque fois que tu fais du surplace. Tu connaîtras de épreuves du surplace chaque fois que tu auras progressé. En effet, le verre que tu constitues va accroître son volume de par tes expériences de la vie. La quantité qui te remplissait hier deviendra donc trop petite. Alors chaque fois que tu sentiras que tu manques de puissance, d'autorité, recherche encore le revêtement.

Mais retiens ceci : le manteau vient pour que tu sois un témoin de Christ, pour révéler la gloire de Christ autour de toi.

ACTION ET PRIÈRE DU JOUR : Dès que je fais du surplace, je dois rechercher encore plus le Saint-Esprit dans la Parole et la Prière.

À méditer : Esaïe 42 : 1-8

Si tu n'as jamais donné ta vie à Jésus-Christ, saisis-en cette opportunité, en répétant la prière suivante avec foi :

Mon Dieu, mon Père Céleste, je viens auprès de Toi au nom de Jésus-Christ. Ta Parole déclare : Quiconque invoquera le nom du Seigneur sera sauvé. Je demande pardon pour mes péchés, je demande à Jésus de venir dans mon cœur et de devenir le Seigneur de ma vie.

Je crois dans mon cœur et je confesse que Jésus est le Seigneur, qu'Il est mort pour mes péchés et que Dieu L'a ressuscité des morts. Je dé-clare que je suis sauvé, je suis né de nouveau, je suis un enfant de Dieu.

Je reçois la vie éternelle dans mon esprit. Maintenant j'ai Christ qui demeure en moi, et Celui qui vit en moi est plus grand que celui qui est dans le monde. Je marche dans la conscience de ma nouvelle vie en Christ Jésus. Amen !

Félicitations !
Tu es désormais un enfant de Dieu. Pour apprendre comment grandir spirituellement, veuille nous contacter à l'une des adresses ci-dessous :

Eglise Vases d'Honneur, Amis des nouveaux 28 BP 1653 Abidjan 28.
Dje Lou Neri : (+ 225) 40583528/Fredy Mehy : (+225) 07937519 ;
Email : adnkodesh@vasesdhonneur.info

MOIS 8

	MATIN	co-chez	SOIR	co-chez
1	Psaumes 65-67		Romains 2	
2	Psaumes 68-69		Romains 3	
3	Psaumes 70-72		Romains 4	
4	Psaumes 73-74		Romains 5	
5	Psaumes 75-77		Romains 6	
6	Psaumes 78		Romains 7	
7	Psaumes 79-81		Romains 8 : 1-18	
8	Psaumes 82-84		Romains 8 : 19-39	
9	Psaumes 85-87		Romains 9	
10	Psaumes 88-89		Romains 10	
11	Psaumes 90-92		Romains 11:1-21	
12	Psaumes 93-95		Romains11:22-36	
13	Psaumes 96-98		Romains12	
14	Psaumes 99-102		Romains13	
15	Psaumes 103-104		Romains14	
16	Psaumes 105-106		Romains15:1-20	
17	Psaumes 107-108		Romains15:21-33	
18	Psaumes 109-111		Romains16	
19	Psaumes 112-115		1 Corinthiens 1	
20	Psaumes 116-118		1 Corinthiens 2	
21	Psaumes 119:1-48		1 Corinthiens 3	
22	Psaumes 119:49-104		1 Corinthiens 4	
23	Psaumes 119:105-176		1 Corinthiens 5	
24	Psaumes 120-123		1 Corinthiens 6	
25	Psaumes 124-127		1 Corinthiens 7:1-24	
26	Psaumes 128-131		1 Corinthiens 7:25-40	
27	Psaumes 132-135		1 Corinthiens 8	
28	Psaumes 136-138		1 Corinthiens 9	
29	Psaumes 139-141		1 Corinthiens 10:1-13	
30	Psaumes 142-144		1 Corinthiens 10:14-33	
31	Psaumes 145-147		1 Corinthiens 11:1-15	

	MATIN	cochez	SOIR	cochez
1	2 Rois 17		Psaumes 27	
2	2 Rois 18		Psaumes 28	
3	2 Rois 19-20		Psaumes 29	
4	2 Rois 21		Psaumes 30	
5	2 Rois 22:1-23:35		Psaumes 31	
6	2 Rois 23:36-25:30		Psaumes 32	
7	1 Chroniques 1		Psaumes 33	
8	1 Chroniques 2		Psaumes 34	
9	1 Chroniques 3		Psaumes 35	
10	1 Chroniques 4		Psaumes 36	
11	1 Chroniques 5-6		Psaumes 37	
12	1 Chroniques 7-8		Psaumes 38	
13	1 Chroniques 9		Psaumes 39	
14	1 Chroniques 10		Psaumes 40	
15	1 Chroniques 11-12		Psaumes 41	
16	1 Chroniques 13-14		Psaumes 42	
17	1 Chroniques 15-16		Psaumes 43	
18	1 Chroniques 17		Psaumes 44	
19	1 Chroniques 18-19		Psaumes 45	
20	1 Chroniques 20:1-22:1		Psaumes 46	
21	1 Chroniques 22:2-19		Psaumes 47	
22	1 Chroniques 23-24		Psaumes 48	
23	1 Chroniques 25-26		Psaumes 49	
24	1 Chroniques 27-28		Psaumes 50	
25	1 Chroniques 29		Psaumes 51	
26	2 Chroniques 1		Psaumes 52	
27	2 Chroniques 2		Psaumes 53	
28	2 Chroniques 3		Psaumes 54	
29	2 Chroniques 4		Psaumes 55	
30	2 Chroniques 5-6		Psaumes 56	
31	2 Chroniques 7		Psaumes 57	

MOIS 8

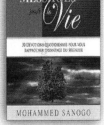

365 DÉVOTIONS QUOTIDIENNES EN 12 LIVRES

ABONNEZ-VOUS

Les 3 avantages de vous abonner

1. Ne pas rater un seul numéro publié du dévotionnel «Messages pour la Vie»;
2. Être servi en priorité, surtout si le stock est limité ;
3. Economiser votre argent en souscrivant à un abonnement trimestriel, semestriel ou annuel :

ABONNE-MENT	PRIX	AU LIEU DE	ECONOMIE
Mensuel	5.000 FCFA	-	Non économique
Trimestriel	13.500 FCFA	~~15.000 FCFA~~	1.500 FCFA
Semestriel	24.000 FCFA	~~30.000 FCFA~~	6.000 FCFA
Annuel	42.000 FCFA	~~60.000 FCFA~~	18.000 FCFA

Souscription partenaire

Si vous désirez soutenir la distribution gratuite des dévotionnels «Messages pour la vie» dans les écoles, universités, hôpitaux, prisons etc., souscrivez pour donner volontairement un montant de votre choix. Nous vous disons d'avance merci pour votre générosité qui nous permettra d'impacter positivement plus de vies.

Consultez la fiche d'abonnement sur la page sui-vante, détachez-la et renvoyez-là nous dûment remplie.

MESSAGES POUR LA VIE
Fiche d'Abonnement

Coupez et envoyez-nous la fiche dûment rempli

Prénom : _____

Nom : _____

Pays : _____

Ville : _____

Adresse : _____

_____

Boite Postale : _____

Téléphone : _____

Email : _____

JE SOUSCRIS À L'ABONNEMENT :

- ☐ Mensuel : **5.000 FCFA** chaque mois
- ☐ Trimestriel : **13.500 FCFA** tous les 3 mois
- ☐ Semestriel : **24.000 FCFA** tous les 6 mois
- ☐ Annuel : **42.000 FCFA** une seule fois pour toute

JE SOUSCRIS AU PARTENARIAT pour la distribution gratuite des livres «Messages pour la Vie».
Montant : _____FCFA

- ☐ Une seule fois
- ☐ Chaque mois
- ☐ Chaque trimestre
- ☐ Chaque semestre

Signature

Printed in Great Britain
by Amazon